Weidenmann · 100 Tipps & Tricks für Pinnwand und Flipchart

Konzept und Beratung der Reihe Beltz Weiterbildung:

Prof. Dr. *Karlheinz A. Geißler*, Schlechinger Weg 13, D-81669 München.
Prof. Dr. *Bernd Weidenmann*, Weidmoosweg 5, D-83626 Valley.

Bernd Weidenmann

100 Tipps & Tricks für Pinnwand und Flipchart

Beltz Verlag · Weinheim und Basel

Bernd Weidenmann, Jg. 1945, ist Professor für Pädagogische Psychologie. Seit über 20 Jahren arbeitet er auch als Trainer, vorwiegend im Bereich Trainerqualifizierung.

Gesetzt nach den neuen Rechtschreibregeln
Lektorat: Ingeborg Sachsenmeier

© 2000 Beltz Verlag · Weinheim und Basel
http://www.beltz.de
Herstellung: Klaus Kaltenberg
Satz: Satz- und Reprotechnik GmbH, Hemsbach
Druck: Druckhaus Beltz, Hemsbach
Umschlaggestaltung: Bernhard Zerwann, Bad Dürkheim
Zeichnungen: Christopher Oberhuemer, München
Printed in Germany

ISBN 3-407-36364-8

Inhaltsverzeichnis

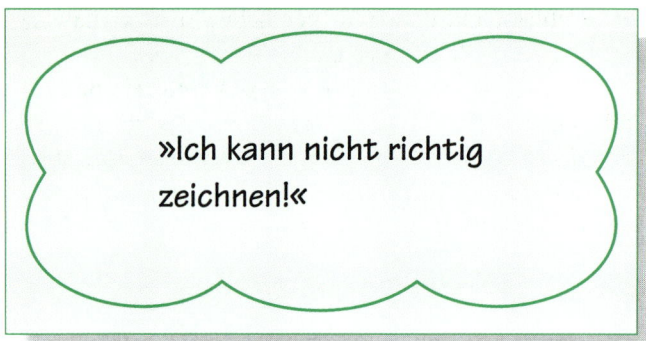

»Ich kann nicht richtig zeichnen!«

Alle Teilnehmer freuen sich, wenn es außer Buchstaben mal Bilder zu sehen gibt. Besonders gerne sieht jeder zu, wenn eine Skizze am Flipchart entsteht. Aber eben das macht manche Trainer unsicher: »Die schauen mir zu, wenn ich da herumstümpere. Eigentlich wollte ich ein Männchen zeichnen, aber herausgekommen ist ein Alien.«

Sollten auch Sie Probleme mit dem Zeichnen haben, dann eignen Sie sich am besten Standardmuster für Zeichnungen an, die Sie immer wieder brauchen. Für menschliche Figuren habe ich bei Hans-Jürgen Frank ein Schema gelernt, das mir besonders gut gefällt. Es besteht aus vier Teilen: zuerst der Kopf als »Knubbel«. Dann links und rechts nach unten eine gebogene Linie als Schulter und Arme. Zum Schluss die Beine als langgezogenes großes »W«, das in das Oberteil hineingesetzt wird.

Damit alles stimmt:

- ❖ Das »W« ist etwa so lang wie der Oberkörper. Oft macht man anfangs die Beine zu kurz.
- ❖ Das »W« beginnt noch innerhalb des Oberkörpers.
- ❖ Die mittlere Spitze des W geht weit nach oben.

Für eine weibliche Figur bleibt der Oberkörper gleich. Das »W« wird kürzer und an ein geöffnetes eckiges »U« angefügt.

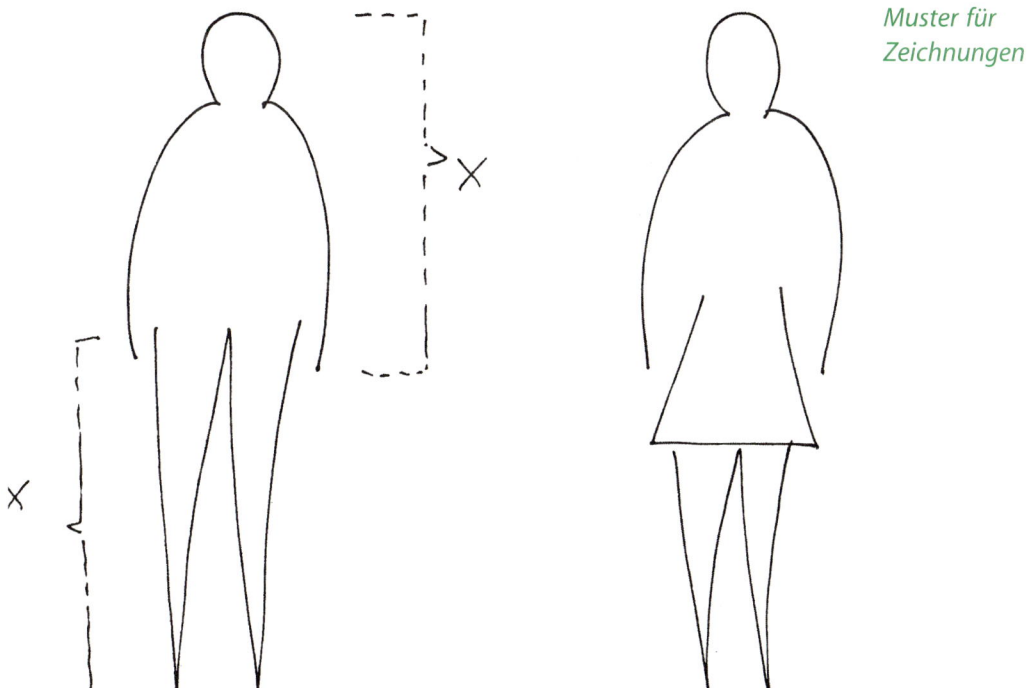

Muster für Zeichnungen

Wenn Sie Spaß bekommen haben, können Sie auch ein Kind probieren. Oder Szenen mit mehreren Personen aufs Papier werfen. Sie können diese Personen mit Denkblasen zum Denken und mit Sprechblasen zum Reden bringen. Mit Farben können Sie eine Person hervorheben oder einige als zusammengehörend markieren.

Farbe nicht vergessen!

Hier der Tipp für Bequeme: Wenn Ihnen diese Figuren nicht auf Anhieb gelingen und Sie keine Lust zum Üben haben: Probieren Sie doch die Mensch-ärgere-dich-nicht-Figur. Knubbel, zwei gebogene Striche nach unten, Abschlusskurve. Ganz einfach. Auch hiermit lassen sich Szenen gestalten.

Mensch-ärgere-dich-nicht-Figuren

Bei Zulieferern wie Neuland kann man Figuren aus farbiger Pappe kaufen, die sich an Pinnwände anheften oder auf Flipchartbogen kleben lassen. Doch die selbst gezeichneten Figuren wirken lebendiger. Außerdem ist es für die Teilnehmer spannend, wenn sie beim Zeichnen zusehen können.

»Wenn ich mit dem Filzstift Flächen ausmale, dauert das meist zu lang und sieht nicht gut aus.«

Oft will man am Flipchart eine größere Fläche farbig füllen: Figuren, Umrahmungen, Markierungskuller, Hintergründe. Mit den Filzstiften dauert das relativ lange. Und man sieht hinterher doch die einzelnen Schraffurstriche.

Mit Ölkreide Flächen schraffieren

Mein Tipp zu diesem Problem: Zum farbigen Ausfüllen, Unterlegen, Rahmen nicht die Filzstifte nehmen, sondern Ölkreide. Mit Kreiden kann man mühelos und rasch eine Fläche farbig schraffieren. Auch hier sieht man noch die einzelnen Striche, aber weil die Farben nicht so satt sind, stört das niemand. Je fester Sie beim Zeichnen aufdrücken, desto flächiger wird die Farbe.

Noch ein Tipp dazu: Die satte Schrift von Filzstiften kann man vor einem farbigen Ölkreidehintergrund gut lesen. Man kann mit den Kreidestiften zwar auch schreiben, aber die Lesbarkeit ist schlechter als bei Filzstiften, weil die Farben weniger Kontrast aufweisen und die Strichbreite geringer ist. Vorsicht: Die Ölkreiden verführen zum hastigen Kritzeln, weil es so leicht geht.

Pastellkreiden sind nicht zu empfehlen. Sie lassen sich zwar schön zu einer Farbfläche verreiben. Aber beim Schreiben rieselt Farbe zu Boden und der Staub klebt an den Fingern.

Leider können wir in diesem Buch keinen Mehrfarbendruck zeigen. Probieren Sie deshalb einmal die folgenden und andere, selbst erfundene Effekte an einem Flipchartbogen aus:

❖ Zweifarbige Schraffuren: Schraffieren Sie grob mit grüner Ölkreide, dann darüber mit roter Kreide. Das ergibt ein schönes Farbmuster z.B. für einen ausgeschnittenen Apfel für eine Erntepinnwand.

❖ Aufzählungspunkte mit Schraffur: Bei einer Aufzählung am Flipchart sind Kreise oder ausgefüllte Punkte üblich. Probieren Sie es stattdessen einmal mit Ölkreideschraffuren in einer Farbe. Sie müssen nicht ganz rund sein. Schön sieht z.B. ein nach rechts geöffneter schraffierter Halbmond aus. Daneben schreiben Sie dann mit dem üblichen Moderatorenmarker Ihren Text.

❖ Unterlegen von wichtigen Begriffen oder Überschriften: Experimentieren Sie mit farbigen Ölkreideschraffuren, um Schlüsselbegriffe einer Flipchartanschrift zu unterlegen. Sie können die Schraffur als Wolke anlegen oder als Ellipse oder als Viereck, wie Sie wollen. Aber malen Sie die Fläche nicht zu. Eine leichte Schraffur, bei der man die Striche noch sieht, wirkt am schönsten.

Entdecken Sie die Vorzüge von Ölkreiden

»Meine Schrift sieht auf dem Flipchart oder auf Pinnwandkarten so amateurhaft aus!«

Flipchart und Pinnwand haben als Medien häufig einen Nachteil: Man kann die Schrift nur aus der Nähe lesen!

Das Schriftbild lässt sich nicht wie bei einer Projektion vergrößern. Aber mit einer professionellen Schrift lässt sich die Lesbarkeit verbessern.

Mein Tipp: Üben Sie die Standardschrift für Flipchart und Pinnwand! Das folgende Beispiel zeigt das Alphabet und die Zahlen.

ABCDEFGHIJKLMNO
PQRSTUVWXYZ

abcdefghijklmnop
qrstuvwxyz

1234567890

Sie können diese Schrift auf Diskette für Ihren PC beziehen bei der Firma Neuland, Postfach 1180, 36124 Eichenzell, www.neuland.de.

Schauen Sie sich die Form jedes Buchstabens und jeder Zahl genau an und versuchen Sie, sie möglichst genau nachzuschreiben. Tun Sie das zu Beginn ganz langsam, bis die Form stimmt. Erst dann steigern Sie nach und nach die Schreibgeschwindigkeit.

Langsam beginnen und genau schreiben

Und noch einen Tipp sollten Sie beherzigen: Üben Sie das Schreiben zuerst im Sitzen auf Pinnwandkarten, dann im Stehen am Flipchart. Gehen Sie in die Knie oder setzen Sie sich auf einen Stuhl neben das Flipchart, wenn Sie in der unteren Hälfte des Bogens schreiben.

Beachten Sie beim Schreiben folgende Tipps und Tricks:

❖ Großbuchstaben sind etwa 5 cm hoch. Kleinbuchstaben sollten etwa 2/3 so hoch sein wie Großbuchstaben. Damit sind die Kleinbuchstaben etwas größer als bei der Normalschrift. Das macht sie besser lesbar.

❖ Die Buchstaben eines Wortes sollten Sie eng zusammenschreiben. Das sieht besser aus und Sie bringen zudem mehr Text unter.

❖ Filzschreiber so halten, dass die Kante fast quer liegt. Der Strich nach unten soll breit sein, der Querstrich dünner. Ändern Sie diese Stifthaltung während des Schreibens nicht mehr.

❖ Sie können Buchstaben so zerlegen, dass Sie möglichst oft eine Abwärtsbewegung machen (breiter Strich). Beispielsweise beim »W« nicht Auf-und-Ab, sondern: Strich nach unten rechts, Strich nach unten links, Strich nach unten rechts, Strich nach unten links.

❖ Bewegen Sie beim Schreiben Hand und Arm mit. Anfänger pressen meist den Ballen fest aufs Papier und bewegen die Finger auf und ab. Das strengt an und schadet der Schrift .

❖ Gewöhnen Sie sich den »Fotoblick« an: Bevor Sie eine Zeile schreiben, projizieren Sie zuerst in Ihrer Vorstellung die fertige Zeile auf das Papier. Dann passiert es Ihnen nicht mehr, dass Sie erst zu spät bemerken, dass der Platz nicht reicht.

Den »Fotoblick«
anwenden

Wenn das Schreiben leicht und locker geht und trotzdem perfekt leserlich ist, machen Sie es richtig!

Vielleicht sagen Sie: »Ich will mich nicht normieren lassen. Meine Schrift ist mein Markenzeichen!« Mag sein, aber halten Sie beim Telefonieren das Handy anders herum? Genau so ist es für Ihre Kommunikationspartner, wenn Sie nicht leserlich schreiben.

Noch ein Tipp: Jedes Flipchartposter gewinnt, wenn Sie neben dem Schwarz noch eine Farbe einsetzen. Lassen Sie es sich zur Gewohnheit werden, immer einen zweiten Filzstift (rot, grün, blau) parat zu haben. Damit können Sie unterstreichen, einrahmen, Schlüsselwörter schreiben und vieles andere mehr, was das Auge erfreut.

Was Sie bitte nicht tun sollten: Überschriften und ganze Zeilen farbig schreiben. Aus der Entfernung ist nämlich jede Farbe schlechter lesbar als Schwarz. Das gilt auch für Folien- oder Beamerprojektionen.

Farbe ist schön, aber schlechter lesbar

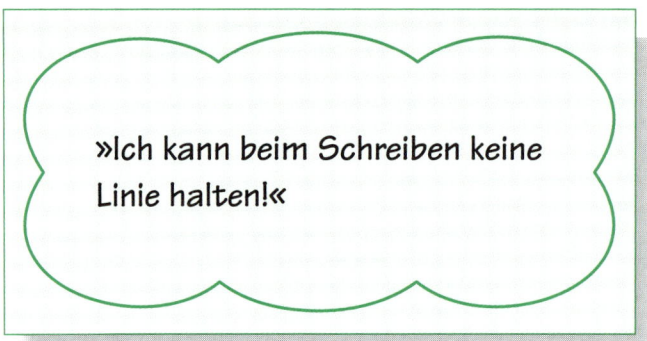

»Ich kann beim Schreiben keine
Linie halten!«

Die Graphologen sagen: Wenn die Schrift zum Zeilenrand hin nach oben geht, spricht das für Optimismus. Wenn die Zeilen sinken, zeigt sich eine depressive Grundhaltung des Schreibers. Wie dem auch sei: Gerade Zeilen sehen einfach besser aus. Aber wie lässt sich denen helfen, die damit Probleme haben?

Manche Packpapierbogen, mit denen Pinnwände bespannt werden, haben eine kaum sichtbare Zeileneinteilung. Dann muss man beim Schreiben nur die Linien beachten. Aber normales Packpapier bietet diese Hilfe nicht.

Tipp: Legen Sie vor dem Bespannen der Pinnwand den Bogen Packpapier auf den Boden. Falten Sie ihn in gleichem Abstand wie eine Ziehharmonika. Wenn Sie ihn dann aufspannen, bilden die Kanten der Faltung die Linien, auf denen Sie schreiben.

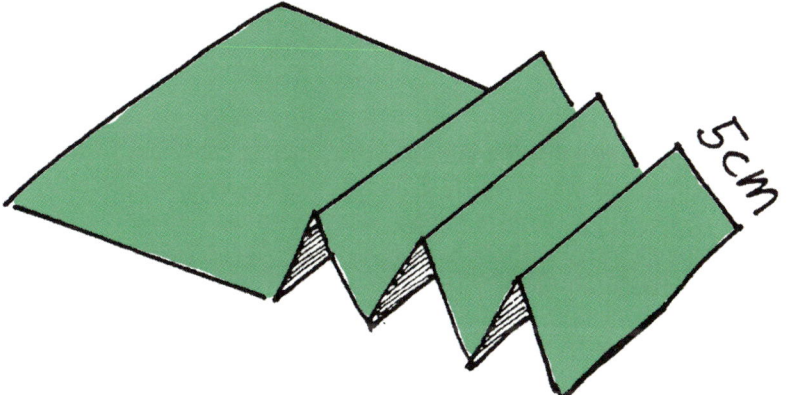

Ziehharmonika-Falten
= Zeilen-Linien

Zusatztipp: Das Gleiche erreichen Sie, wenn Sie den Bogen der Breite nach in der Mitte falten, dann wieder die Mitte nehmen usw. Das ist sogar noch effektiver und einfacher. Die Zeile sollte aber mindestens 5 cm hoch sein.

»Wenn ich den fertigen Flipchartbogen abreiße, bleibt oft eine Ecke hängen.«

Sie haben vor den Augen der Teilnehmer ein wunderschönes Poster fabriziert, zweifarbig, mit gelungener Freihandzeichnung und professioneller Schrift. Jetzt soll es die Wand des Seminarraums zieren. Sie greifen sich das Poster unten, machen den Schwung nach oben und da ist es passiert: Der Bogen ist ab, aber eine Ecke hängt noch am Flipchart. Schade.

Oh weh, das Eck ist weg!

Bei neuen Flipcharts kann das kaum passieren, weil die Kanten erstklassig sind. Aber nicht immer hat man dieses Glück. Manche Trainer gehen dann auf Nummer sicher, schrauben die Kante ab oder klappen sie hoch und lösen dann den Bogen sanft vom Block.

Wenn Sie an ein älteres Flipchartmodell geraten, dessen Kante sie nicht so recht trauen, nehmen Sie eine Pinnwandnadel und ritzen damit die Kante entlang. Danach lässt sich der Bogen federleicht und präzise abtrennen.

Diesmal ist die Abreißtechnik aber anders: Sie fassen nach dem Ritzen die beiden unteren Ecken des Bogens und lösen den Bogen mit einem leichten Ruck nach unten ab.

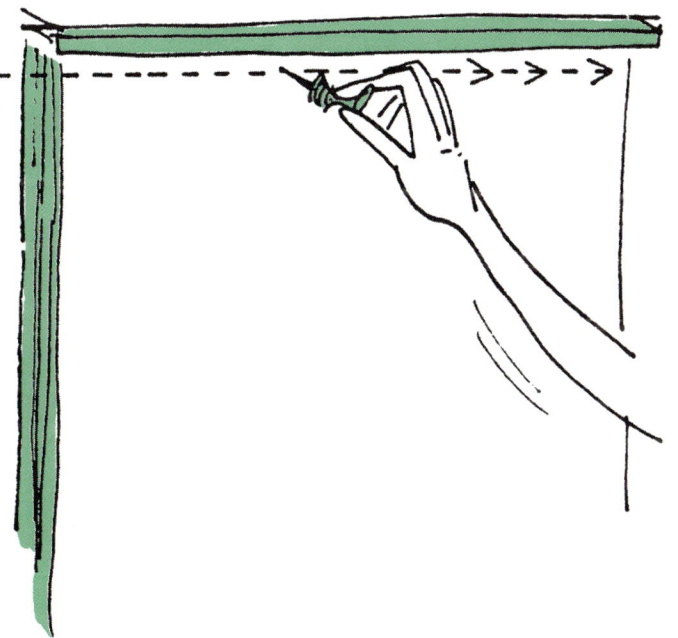

Das Abreißen erleichtern

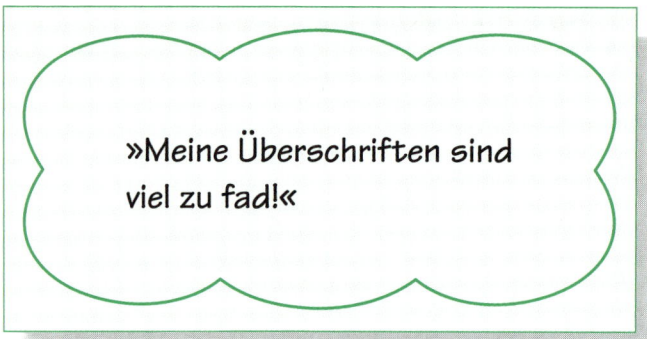

Wie trist: Die meisten Pinnwände und Flipchartposter haben entweder gar keine Überschriften oder solche, die so nüchtern sind wie das Kursbuch der Bahn. Da heißt es: »Feedbackregeln« oder »Tagesübersicht« oder »Ergebnisse« oder irgendetwas Fachspezifisches. Das mag durchaus informativ sein, aber wer mag schon nur Informatives?

Denken Sie einmal über Folgendes nach: Wann schauen Sie in der U-Bahn in die Zeitung Ihres Nachbarn? Bestimmt nicht, wenn jemand die WELT, die FAZ oder die SÜDDEUTSCHE liest. Nein, wenn die Person ein Boulevardblatt in der Hand hält. Die Schlagzeilen ziehen unwiderstehlich an. So sollten auch Flipchart- und Pinnwandüberschriften sein!

Damit arbeiten Schlagzeilen-Macher:

So entstehen Schlagzeilen

❖ Handlungswörter statt Hauptwörter
❖ Direkte Rede
❖ Redewendungen
❖ Gefühlsäußerungen
❖ Übertreibungen
❖ Fragen
❖ Überraschungen
❖ Bildhafte Vergleiche
❖ Humor

Dazu gehören Anführungszeichen, Ausrufezeichen, Fragezeichen. So kann man zum Beispiel die fade Überschrift »Tagesplan« liften.

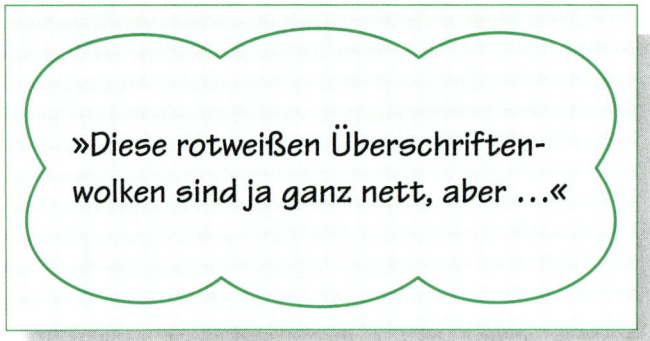

»Diese rotweißen Überschriften-
wolken sind ja ganz nett, aber ...«

Im Moderatorenkoffer sind die weißen Wolken mit rotem Rand zu Hause. Sie sind zu einem Symbol für die Philosophie der Pinnwandmoderation geworden. So rund und liebenswert wie sie über den Pinnwänden schweben, soll schließlich die ganze Prozedur sein. Schaut her, wie kooperativ wir miteinander umgehen, wie ordentlich und aufgeräumt wir hier arbeiten! Ein bisschen »Piep, piep, piep, hier haben sich alle lieb«.

Es gibt Trainerinnen und Trainer, denen sind die Schäfchenwolken wirklich zu lieb. Aber die Überschriftenstreifen sind ihnen wieder zu karg.

Mein Tipp: Schneiden Sie sich Ihre eigenen Wolken aus Flipchartpapier. Je nach Thema können Sie sich zu einer passenden Form inspirieren lassen.

Neue »Wolken«-Formen

Außerdem können Sie noch folgende Tricks anwenden:

❖ Wenn Sie eine Schere mit gezacktem Rand benutzen, wird der Umriss interessanter.
❖ Mit Ölkreidestiften können Sie die Wolke einfärben.

»Schade, dass ich an der Pinnwand nichts aufhängen kann. Die Pinns sind zu schwach.«

Teilnehmer lieben es, wenn visualisiert wird. Endlich gibt es mehr zu sehen als immer nur Wörter! Diese Freude kann man ihnen mit Zeichnungen machen, mit ausgeschnittenen Umrissen oder mit konkreten Gegenständen. Zeichnungen und Umrisse kann man anpinnen. Aber Objekte?

Der Trick mit den Fleischerhaken

Mein Tipp: Kaufen Sie sich im Baumarkt ein paar Fleischerhaken. Die sind billig und passen genau auf die Pinnwandoberkante. An einer fast unsichtbaren Angelschnur können Sie jetzt auch schwerere Objekte am Haken aufhängen.

Im Fachhandel kann man aber auch Clips kaufen, die die gleiche Funktion erfüllen. (Damit kommt man leichter durch die Kontrolle am Flughafen als mit Fleischerhaken im Gepäck. Ich spreche aus eigener Erfahrung.)

Ich hänge an meine Eröffnungspinnwand gerne einen großen Hornschuhlöffel, den ich auf dem Flohmarkt erstanden habe. »Schuhlöffel«, das passt zur Anfangssituation: Wir müssen bequem ins Seminar »hineinkommen«.

Hier noch einige Tipps für Objektideen zum Aufhängen an der Pinnwand:

❖ Große Kartoffel mit der angepinnten Karte »heiß« für Kartenabfrage zu dringlichen Anliegen.
❖ Küchenuhr mit dem Zeigerstand »5 vor 12« für Probleme, die man jetzt anpacken muss.
❖ Warndreieck aus dem Auto für eine Pinnwand mit Punkten, auf die man besonders achten soll.

❖ Taschenlampe für Erklärungen oder wichtige Infos. Sie wird eingeschaltet, wenn die Erklärung besprochen wird. »Da geht uns ein Licht auf.«

Die Pinnwandlampe

Einen weiteren Trick kann ich Ihnen noch verraten: Wenn Sie zwei Haken links und rechts oben an die Pinnwandkante einhängen und mit einer Nylonschnur verbinden, können Sie leichtere Objekte mit Wäscheklammern aufhängen.

Außerdem: Bei der Firma Neuland gibt es eine Stange, die man mit Clips oben an der Pinnwand befestigen kann. Sie verlängert die obere Pinnwandkante nach links oder rechts und ist für das Aufhängen eines Flipchartbogens neben der Pinnwand gedacht. An sie kann man statt Papierbogen natürlich auch Objekte hängen.

»Es gibt Flipchartposter und Pinnwände, die ich in fast jedem Seminar brauche. Wie kann ich sie attraktiver gestalten?«

Es gibt Standard-Anlässe, für die man regelmäßig Poster oder Pinnwände einsetzt:

❖ Begrüßung,
❖ Programm (für den ganzen Kurs oder nur für einen Tag oder Halbtag),
❖ Themen- oder Fragenspeicher (für Beiträge oder Fragen, die von Teilnehmern zur Sprache kommen, aber erst einmal zurückgestellt werden müssen),
❖ Tagesrückblick (inhaltlich oder als »Stimmungsbarometer«),
❖ Spielregeln,
❖ persönliche Wünsche,
❖ persönliche Vorsätze (»Das will ich in meiner Praxis umsetzen!«).

Meistens begnügt man sich mit einer Überschrift. Bildlösungen sind selten. Und wenn sie vorkommen, dann oft als tausendste Kopie eines Stereotyps. Jeder kennt das Willkommensposter mit dem roten Herzen oder dem Blumenstrauß, dem liebevoll hinzugefügten »Herzlich Willkommen« und der Signatur des Trainers. Doch gerade bei Postern und Pinnwandgestaltungen, die man immer wieder braucht, lohnt es sich, Originelleres zu suchen oder zu entwerfen.

Beachten Sie daher folgende Tipps:

❖ Suchen Sie ein treffendes visuelles Symbol.
❖ Geben Sie diesem Symbol Raum: Gestalten Sie es fast so groß wie die Pinnwandfläche.
❖ Wählen Sie für das Symbol eine oder mehrere prägnante Farben.

Dazu ein Beispiel: Zu Beginn eines Trainings lasse ich die Teilnehmer gerne eine »Erntepinnwand« füllen. Sie sollen auf eine oder mehrere Karten lauter Dinge notieren, die sie nach diesem Seminar unbedingt für sich persönlich als Gewinn mitnehmen wollen. Jede Karte wird mit den Anfangsbuchstaben des jeweiligen Autors gekennzeichnet. Am letzten Tag bekommt jeder Teilnehmer seine Karten wieder zurück und kann kurz bilanzieren. Während des Seminars schaue ich immer auf die Erntekarten und versuche, mein Angebot so abzustimmen, dass jede Karte zu ihrem Recht kommt.

Zur Gestaltung der Erntepinnwand schneide ich aus einem Flipchartbogen einen riesigen Apfel aus. (Es könnte genauso gut ein Baum sein, ein Obstkorb oder ein anderes Erntesymbol.) Der weiße Apfel wird mit Wachsmalkreide eingefärbt und an die Pinnwand geheftet. Die Teilnehmer pinnen danach ihre Erntekarten in den Apfel hinein. Das Symbol ist so prägnant, dass eine Überschrift hier nur stören würde.

Nach dem Seminar können Sie den Apfel abnehmen und für das nächste Mal aufbewahren.

Der Flipchart-Apfel

Den Apfel könnte man auch aufmalen, aber aus weißem Flipchartpapier ausgeschnitten und auf braunes Pinnwandpapier geheftet, sehen solche Symbole viel plakativer aus.

Nun können Sie sich Symbole für Ihre Standardpinnwände und Flipcharts ausdenken.

Ganz ohne Anregungen will ich Sie auch hier nicht lassen:

❖ Für die Begrüßung schneiden Sie ein Boot aus, in das jeder Teilnehmer, nachdem er den Raum betreten hat, eine runde Pinnwandkarte mit seinem Selbstporträt pinnt (»Wir sitzen jetzt in einem Boot«).

- ❖ Für die Übersicht eignet sich ein großer ausgeschnittener Theatervorhang, der sich in zwei Flügeln aufklappen lässt (zu dieser Technik s. Seite 49) und den Blick auf das Programm freigibt.
- ❖ Für Themen- oder Fragespeicher gestalten Sie ein überdimensionales Nest (Motto: »Das müssen wir noch ausbrüten«).
- ❖ Für den Tagesrückblick bietet sich eine überdimensionale Lupe an (passt auch für Feedbackpinnwände nach einem Rollenspiel).
- ❖ Für Spielregeln nehme ich eine übergroße Spielfigur (Mensch-ärgere-dich-nicht-Männchen), in die man die Karten mit Regeln pinnt.
- ❖ Für persönliche Wünsche passen Erntesymbole (siehe das Beispiel oben zur Erntepinnwand).
- ❖ Für persönliche Vorsätze nehme ich einen großen Taschentuchknoten (»Das will ich nicht vergessen!«).

Geeignet sind alle Symbole, die eine große Fläche haben, damit man die Karten der Teilnehmer alle darin unterbringen kann.

Symbole wirken, wenn sie groß sind

Symbole, wie beispielsweise der Apfel, lassen sich auch aus Pinnwandkarten zusammensetzen. Sie können in dieser Variante die Kartenabfrage zur »Ernte« durchführen, dann die Karten einsammeln und sie in Form eines Apfel-Umrisses anpinnen. Besser ist es, dies die Teilnehmer selber gemeinsam an der Pinnwand machen zu lassen.

Die geschilderten Pinnwand-Poster kann man auch an die Wand hängen. Allerdings müssen Sie dann die Karten mit einem Klebestift aufkleben. Wenn Sie Ihr schönes Symbol später trotzdem wieder verwenden wollen, kleben Sie es nur mit Hafties oder mit gerollten Tesastreifen auf der Rückseite an.

Szenarien

Statt eines Symbols bietet sich manchmal auch ein Szenario an. Beispielsweise kann man die Pinnwand »Seminarübersicht« als Kreuzfahrtszenario gestalten: Schneiden Sie aus farbigem Karton so viele Inseln mit Palmen aus, wie Sie Lernblocks im Seminar vorgesehen haben. Die werden angepinnt. Während Sie den Teilnehmern das Seminar vorstellen, heften Sie jeweils die Karte mit dem Thema der Insel an. Außerdem haben Sie ein Kreuzfahrtschiff ausgeschnitten. Das legt im Laufe des Seminars immer an der Insel an, die gerade erkundet wird (Schiff anpinnen). Ich habe beobachtet, dass die Teilnehmer die Kreuzfahrtmetapher gern mögen. Sie bedeutet Abwechslung, Vergnügen, Geselligkeit.

Beispiel »Bergsteigen«: Auf der Pinnwand ist die Kontur eines Gebirges aufgezeichnet. Die Gipfel symbolisieren die Lerneinheiten (Überschriftenkarten). Eine Seilschaft, aus Karton ausgeschnitten, bewältigt nach und nach die Gipfel. Dieses Szenario betont Anstrengung, Teamwork, Ernsthaftigkeit. Das weckt andere Assoziationen als bei der Kreuzfahrt.

»Bei einer Kartenabfrage werde ich oft mit Karten überschwemmt. Wie kann ich das verhindern, ohne die Teilnehmer zu bremsen?«

Das kennen Sie sicher auch: Sie wollen von den Teilnehmern Wünsche, Lösungsvorschläge, aktuelle Probleme oder was sonst auch immer erfahren und lassen Karten schreiben. Zuerst freuen Sie sich, dass alle so fleißig schreiben. Doch die Kartenstapel werden immer größer. Ihre Freude schlägt in Sorge um, wie Sie die Kartenmenge an der Pinnwand unterbringen sollen.

Ein besonders heikler Punkt sind Mehrfachnennungen, also Karten, die den gleichen Inhalt ansprechen. Als professioneller Moderator wissen Sie, dass es ein Kunstfehler wäre, davon nur eine Karte anzupinnen und die anderen gleichen Inhalts in den Papierkorb zu werfen. Alle müssen aufgehängt werden. Denn jede Karte ist gleich wert und die Wiederholungen sollen für alle sichtbar werden. Was tun?

Am einfachsten wäre es, jedem Teilnehmer nur zwei oder maximal drei Karten zu geben. Aber sehr einladend ist das nicht. Und es könnte bei manchen Themen Fantasien wecken: »Aha, da will jemand, dass nicht alles auf den Tisch kommt!«

Mein Tipp: Lassen Sie die Karten nicht von jedem Teilnehmer einzeln schreiben, sondern bilden Sie »Murmelgruppen«. Am besten sind das jeweils drei Personen, die nebeneinander sitzen. Alle bleiben am Platz. Einer schreibt für die Dreiergruppe. Im Nu ist ein produktives Gemurmel im Raum. Sie schlagen zwei Fliegen mit einer Klappe: Erstens werden in den Murmelgruppen die Mehrfachnennungen erkannt und ausgesondert. Zweitens werden die Ideen diskutiert und vorselektiert.

Die Murmelgruppen

Ein Purist der Moderationsmethode rauft sich bei diesem Tipp die Haare, weil sich durch die Methode der Kartenabfrage ja die Produktivität jedes Einzelnen frei entfalten soll. Ich bin kein Purist und habe mit den Murmelgruppen gute Erfahrungen gemacht.

»Die klassische Kartenabfrage mit Clustern dauert ewig. Ich mag sie deshalb gar nicht mehr verwenden.«

Die klassische Kartenabfrage geht bekanntlich so:

❖ Karten zu einem Thema oder Impuls schreiben lassen.
❖ Karten einsammeln.
❖ Erste Karte vorlesen, hochhalten und links oben (unter der Überschrift) anpinnen.
❖ Zweite Karte vorlesen, hochhalten und fragen: »Gehört die zur ersten Karte oder ist es ein neues Thema?«
❖ Wenn jemand sagt: »Das ist ein neues Thema«, Karte in eine zweite Reihe neben der ersten Karte anpinnen.
❖ Wenn man uneins ist, fragt der Moderator: »Wer hat die Karte geschrieben?«, und lässt diesen entscheiden, wo die Karte hingehört. Bei überzeugenden Argumenten, dass die Karte sowohl hier wie dort hingehört, wird sie ein zweites Mal geschrieben und hier wie dort angepinnt.
❖ Diese Prozedur dauert so lange, bis alle Karten zugeordnet angepinnt sind.
❖ Man schaut noch mal auf die Zuordnungen und hängt vielleicht die eine oder andere Karte um.
❖ Jetzt werden die zusammengehörigen Karten (Cluster oder Klumpen) mit einer Überschrift versehen.

Diese Prozedur dauert sehr lange, wenn man einen großen Kartenstapel unterzubringen hat. Irgendwann ist es auch dem letzten Teilnehmer ziemlich egal, zu welchem Cluster die 54ste Karte gehören soll.

Wenn Sie das vermeiden möchten, dann probieren Sie Folgendes:

❖ Wenn alle Teilnehmer ihre Karten geschrieben haben, gehen sie gleichzeitig nach vorne und pinnen sie ungeordnet an. Dies gleichzeitig zu tun ist wichtig, damit nicht einer seine Karten anhängt und die anderen, die noch schreiben, dadurch beeinflusst. Manchmal sind zwei Pinnwände erforderlich. Das gemeinsame Anpinnen geht sehr rasch.

❖ Für den zweiten Schritt wird nun noch eine leere Sortierpinnwand bereitgestellt.

❖ Nach dem Anpinnen schauen alle auf den Karten-Teppich und suchen nach Schubladen mit Etiketten, in denen man mehrere Karten unterbringen kann. Wenn man sich über die erste Schublade einig ist – auch das geht in der Regel sehr rasch – wird dazu eine Etikettenkarte geschrieben (am besten auf eine weiße elliptische Karte) und an die Sortierpinnwand geheftet. Dann sucht man alle Karten, die in diese Schublade passen und hängt sie an die Sortierpinnwand um. Dann kommt die zweite Schublade an die Reihe usw., bis alle Karten umgehängt sind.

Dieses Verfahren dauert nach meinen Erfahrungen etwa ein Viertel bis ein Fünftel der Zeit wie die klassische Kartenabfrage mit Clustern.

Das Schnell-Clustern

Manchmal ist es nicht nötig, alle Karten erst zu clustern, bevor man weiterarbeitet. Es kann ausreichen, wenn man sagt: »Sie sehen, es gibt zu diesem Thema sehr viele Beiträge. Aus Zeitgründen können wir jetzt nicht alle bearbeiten. Suchen wir uns drei aus, die wir in den nächsten zwei Stunden anpacken wollen.«

Es geht auch ohne Clustern

Dann verständigt sich die Gruppe auf nur drei Einzelkarten oder drei Themenbereiche (Cluster) mit mehreren Karten. Diese werden wieder auf eine Sortierpinnwand, hier ist es eher eine Arbeitspinnwand, umgehängt. Die restlichen Karten werden protokolliert, spielen aber aktuell keine Rolle mehr.

Die Auswahl der »aktiven Karten« kann man auch mit Klebepunkten organisieren. Jeder Teilnehmer erhält dazu drei Klebepunkte, die er beliebig auf die Karten verteilen kann. Das bedeutet: Er kann auch alle drei auf eine Karte kleben. Dann zählt man aus, welche Karten die meisten Punkte erhalten haben. Vor der Abstimmung durch Punkten sollten die Mehrfachnennungen weggehängt werden.

Sie können aber auch diesen Tipp ausprobieren: Sie können den Teilnehmern vor der Kartenabfrage auch gleich eine vorbereitete Sortierpinnwand präsentieren. Die Teilnehmer schreiben ihre Karten dann für eine vorgegebene Struktur. Wenn alle mit ihren Karten fertig sind, gehen sie nach vorne und pinnen die Karten in die passenden Felder. Man erspart sich hier das Sortieren als eigenen Arbeitsschritt.

In meinem Psychologiestudium musste ich seinerzeit noch ein Pflichtseminar in Farbpsychologie absolvieren. Heute spielt aber die Farbpsychologie mehr in Illustrierten eine Rolle, weniger in Lehrbüchern. Das ist durchaus verständlich, weil sich in Untersuchungen zeigte, dass Menschen keineswegs gleich auf Farben reagieren. Ein Orange, das den einen anregt, erlebt ein anderer als aufdringlich. Ein helles Grün ist für manche der Inbegriff des Schönen, für andere nur Kitsch.

Trotzdem spricht einiges dafür, bei der Arbeit mit Pinnwandkarten auf die Farbe zu achten:

❖ Die Farbwahl kann die Übersicht verbessern (gleiches Thema, gleiche Farbe).
❖ Farben beeinflussen die Ästhetik.
❖ Farben können signalisieren (Rot für »Achtung!«).
❖ Dunkle Karten verschlechtern den Kontrast zur Schrift und damit die Lesbarkeit.

Ich habe mir angewöhnt, bestimmte Kartenfarben für bestimmte Aufgaben zu bevorzugen:

❖ **Weiße Karten** als neutrale Farbe für jede Art von Orientierung (Nummerierungen auf kleinen runden Kullern, Zwischenüberschriften auf weißen Streifen) und für Kommentarkarten (elliptische Form).
❖ **Blaue Karten** als Farbe der Vernunft für Informationen (zum Beispiel bei einem Referat mit Pinnwandunterstützung).
❖ **Gelbe Karten** als positive Farbe für Tipps, Regeln, Vorschläge, Leitsätze.
❖ **Grüne Karten** als beruhigende Farbe für Zusammenfassungen, Einigendes nach Diskussionen, Verbindendes.
❖ **Orange Karten** als aktivierende Farbe für Gruppenarbeiten (Überschriften), Aufforderungen, Slogans.
❖ **Rote Karten** als Signalfarbe (»Vorsicht!«, »Wichtig!«, »So nicht!«), als Farbe bei Kartenabfragen zu Missständen und Problemen (Pinnwand als »Klagemauer«).

Auch diesen Tipp sollten Sie beachten: Der Farbeffekt kommt bei einer vollen Pinnwand zur Geltung. Wenn Sie als Referent oder wenn Gruppen von Teilnehmern mit mehreren Pinnwänden arbeiten, lohnt es sich besonders, die Kartenfarben stimmig einzusetzen. Zur Instruktion der Gruppen gehört dann auch die Instruktion über die Kartenfarbe. Am besten geben Sie jeder Gruppe *Musterkarten* Musterkarten mit. Zum Beispiel eine blaue Karte, auf der steht »Informationen«, eine grüne mit der Aufschrift »Fazit«, eine weiße mit »Übersicht«. Wenn später die vollen Pinnwände der Arbeitsgruppen nebeneinander stehen, hat man sofort den Überblick. Es sieht auch besser aus.

Musterkarten für die Gruppen

Diese Farbtipps können Sie, mit Ausnahme von Weiß, auch am Flipchart realisieren durch Unterstreichungen, Einrahmungen oder farbige Schrift mit dem Filzstift sowie durch farbige Hinterlegungen mit der Ölkreide.

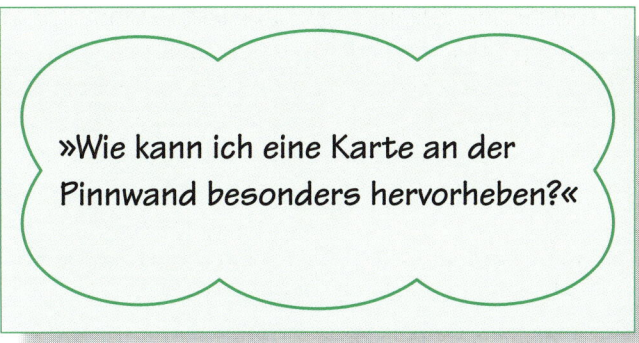

»Wie kann ich eine Karte an der Pinnwand besonders hervorheben?«

Sie haben eine Kartenabfrage mit Lösungsvorschlägen zu einem Problem durchgeführt. Die Teilnehmer haben ihre beschriebenen Karten selber angeheftet. Jetzt geht es darum, aus der Vielfalt der Vorschläge besonders attraktive Lösungen herauszufinden. Die Trainer Lipp und Will nennen das Rosinenpicken (siehe »Das große Workshop-Buch«). Jeder Teilnehmer kann für eine Lösung, die ihm besonders gut gefällt, ein »Rosinenplädoyer« halten. Eine Karte steht also jeweils für einige Zeit im Mittelpunkt der Aufmerksamkeit. Als Moderator könnte man sich neben die Pinnwand stellen und mit dem Finger auf diese Karte zeigen. Aber geht es auch ohne Zeigefinger?

Mein Tipp: Schneiden Sie sich aus weißem oder rotem Karton (Signalfarbe!) eine Kartenunterlage aus. Sie gibt dann einen auffallenden Hintergrund für eine »besondere« Karte ab. Diese Unterlage sollte etwa 2 cm über den Rand einer Standardkarte hinausreichen.

Wenn Sie jetzt eine Karte besonders hervorheben wollen, nehmen Sie sie von der Pinnwand ab, pinnen zuerst Ihre Unterlage an und pinnen dann die Karte in die Mitte.

Sie können auch mit anderen Formen für die Kartenunterlage experimentieren.

Sie können das Rosinenpicken auch anders gestalten: Sie heften drei bis fünf Kartenunterlagen auf eine »Rosinenpinnwand«. Die Teilnehmer sollen sich jetzt einigen, welche Karten aus der Ideenpinnwand es verdienen, auf diese ehrenvollen Unterlagen gebettet zu werden.

Der Zusatz-Tipp: Sie können zusätzlich zu den Kartenunterlagen auch einen bunten »Rahmen« ausschneiden und Karten damit »einrahmen«. Diese Technik ist bequemer, wenn der Rahmen wechselt, also mal um die, dann um eine andere Karte gepinnt wird. Beispiel: Sie halten ein Kurzreferat und haben die Schlüsselbegriffe auf Karten an der Pinnwand angebracht. Jetzt heften Sie den Rahmen immer um die Karte, die Sie gerade erläutern. Der »wandernde Rahmen« ist wie ein Scheinwerferkegel, dem Ihre Zuhörer aufmerksam folgen.

Weitere Möglichkeiten, besondere Karten zu »markieren«:

❖ Ecke einknicken (»Eselsohr«),
❖ Klebepunkt anbringen,
❖ mit Filzstift einen farbigen Rand auf die Karte malen.

Damit lassen sich auch gut Karten kennzeichnen, die schon »abgearbeitet« wurden.

Eselsohr

»Wie kann ich bei einer vollen Pinnwand visualisieren, dass manche Karten in Beziehung zueinander stehen?«

Zwei Teilnehmer haben gerade ein längeres Rollenspiel abgeschlossen. Jetzt soll das Feedback eingeholt werden. Sie lassen dazu die Teilnehmer Karten schreiben. Für jeden Punkt, der jemand als Feedback wichtig erscheint, eine Karte. Wenn alle fertig sind, gehen sie zur Pinnwand und heften die Karten ungeordnet an. Zusammen mit den Rollenspielern schaut man nun auf das Kartenensemble: Welche Aussagen passen zusammen, welche ergänzen sich? Wo gibt es andere Aspekte? Methodisch stellt sich die Frage: Wie kann man das, was jeweils zusammengehört, kennzeichnen, ohne die Karten auf eine andere Pinnwand umhängen zu müssen?

Probieren Sie doch einfach einmal Folgendes aus: Legen Sie sich mehrere Bündel von farbigen Wollfäden in Ihren Moderatorenkoffer. Schneiden Sie sich Fäden von etwa 1,5 m ab. Ein Wollfaden lässt sich leicht um die Nadeln von Pinnwandkarten legen. Im Nu entstehen farbige Verbindungen zwischen Karten, auch zwischen solchen, die auf der Pinnwand entfernt voneinander hängen. Der »rote Faden« wird hier Realität!

Wenn Sie die Fadenspur legen, müssen Sie am Fadenbeginn eine enge Schlaufe machen, die am Pinn der ersten Karte eingehängt wird. (Schlaufe am besten schon bei der Vorbereitung anbringen, wenn Sie die Wollfäden vom Knäuel abschneiden.) Das ist der Fixpunkt. Um die Pinns der anderen Karten, die Sie als zusammengehörig kennzeichnen wollen, wird der Faden dann nur noch gelegt. Beim letzten Pinn sollten Sie einen Knoten machen und den Fadenrest abschneiden. Für die nächste Kartenfamilie nehmen Sie einen Wollfaden in einer anderen Farbe.

Vergessen Sie
die Schlaufe nicht

Ein weiterer Tipp: Wollfäden eignen sich auch ideal dazu, eine Pinnwandfläche einzuteilen. In zwei Hälften, in Quadrate, Rechtecke oder andere Segmente. In der Zeichnung ist ein Neunerfeld »eingefädelt« worden. Das dient dann zusammen mit Überschriftenovalen als Raster für eine Kartenabfrage, für das Ordnen der Karten nach einer Kartenabfrage, für eine Gruppenarbeit oder ein Referat.

Das »eingefädelte«
Neunerfeld

Sie können mit den Fäden auch ein mehrfarbiges Mindmap (s. Seite 71) vorbereiten. Oder ein Flussdiagramm. In das Fadengerippe brauchen Sie dann
nur noch Ihre Karten zu pinnen.

Solche Pinnwandeinteilungen machen Moderatoren normalerweise mit Filzstiften. Aber die Fadenmethode hat drei Vorteile:

Faden schlägt Stift

❖ Linien lassen sich mit Wollfäden exakter ziehen als mit Filzstift.
❖ Wollfäden sind »beweglich«. Man kann das Raster oder das Mindmap jederzeit leicht verändern.
❖ Die Pinnwandbespannung wird nicht bemalt. Man muss sie daher später
nicht auswechseln.

Und schöner sehen die Wollfäden allemal aus.

»Ich arbeite gern mit der Pinnwand, um Sachverhalte zu präsentieren. Eine Pinnwand reicht für den Stoff aber oft nicht aus. Was tun?«

Wenn man viele Stichworte als Begleitung zu einem Input visualisieren möchte, bietet sich eigentlich das Flipchart an. Man hat den ganzen Papierblock zur Verfügung, kann vor- und zurückblättern.

Der Nachteil: Die Fläche eines Flipchartbogens ist wesentlich kleiner als die der Pinnwand. Wenn man trotzdem größere Tableaus entwickeln will, geht das nur auf einem Umweg: Man setzt sie aus einzelnen Flipchartbogen zusammen, die man neben- und übereinander an die Wand hängt. In manchen Räumen haben aber nicht alle Teilnehmer einen gleich guten Blick zu den Wänden.

Wie kann man also die größere Fläche der Pinnwand nutzen, auch für Info-Mengen, für die eine Pinnwandbespannung nicht ausreicht?

Mein Tipp: Bespannen Sie die Pinnwand mit mehreren Packpapierbögen übereinander. Jetzt haben Sie die Möglichkeit, wie am Flipchart Bögen nach Bedarf nach hinten überzuschlagen, den dahinter liegenden aufzudecken oder auch wieder zuzudecken.

Der Streifentrick Noch variabler gelingt das, wenn Sie die Bögen in Streifen schneiden, also die Pinnwandbespannung halbieren, dritteln oder vierteln. Dann können Sie zum Beispiel nur den mittleren Streifen nach hinten umschlagen. Der mittlere Teil des dahinter liegenden Bogens wird aufgedeckt, während die Streifen links und rechts des ersten Bogens nach wie vor sichtbar bleiben.

Wenn Sie einmal die vielfältigen Möglichkeiten erkannt haben, die sich damit eröffnen, werden Sie bald auf Ideen kommen, wie Sie Ihren Stoff optimal arrangieren. Für die Zuhörer/Zuseher ist diese Methode auf jeden Fall ein kleines Ereignis.

Bei dieser Technik können Sie allerdings (zumindest bei den Bögen, die Sie umklappen wollen) keine Karten anpinnen. Also nur schreiben oder Karten ankleben!

Ein Spezialeffekt dieser Methode ist die Pinnwandtür. Sie schneiden in den ersten Pinnwandbogen drei Seiten einer Tür und heften sie mit einem Pinn zu. Bei Bedarf ziehen Sie den Pinn heraus, klappen die Tür auf und drücken mit dem Finger die Kante fest. Die Teilnehmer sehen nun durch diesen Rahmen auf den dahinter liegenden Pinnwandbogen. Statt einer größeren Tür können Sie auch wie bei einem Adventskalender kleinere Fenster vorbereiten und bei Bedarf öffnen.

Die Pinnwandtür

Hier einige Anwendungsideen:

* ❖ **Willkommensposter.** Wenn man die Tür aufmacht, sieht man das Programm.
* ❖ **Problemesammlung.** Wenn man die Tür öffnet, sieht man Lösungsvorschläge.
* ❖ **Lernquiz.** Viele Fenster mit jeweils einer Frage; wenn man sie aufklappt, erscheint die richtige Lösung.

- ❖ **Bingo.** Auf den Fenstern steht jeweils die Punktezahl, die man gewinnen kann, wenn man die Antwort weiß. Hinter dem Fenster steht die Frage. Gut geeignet für einen Gruppenwettbewerb nach einer Lerneinheit.
- ❖ **Definitionen.** Vorne ein Schema zum Lernstoff mit Schlüsselbegriffen zum Beispiel als Mindmap. Hinter jedem Schlüsselbegriff ist ein Fenster mit der Erklärung.

Wenn Sie nur mit zwei Lagen von Pinnwandbogen arbeiten, können Sie eine Tür oder größere Fenster dahinter auch leer lassen. Die Teilnehmer pinnen in die Öffnung ihre Karten.

Wie bei der Streifentechnik können Sie auch bei den Türen oder Fenstern jederzeit die Anfangspinnwand wieder herstellen. Sie müssen die Öffnungen nur wieder zuklappen und mit einem Pinn befestigen.

Der Vorteil liegt auf der Hand: Sie können diese Bögen immer wieder verwenden.

»Wir haben auf Flipchartbogen Ideen gesammelt. Jetzt wollen wir die besten festhalten, ohne sie nochmals abzuschreiben.«

Das Flipchart ist geeignet für Inhalte, die nicht mehr verändert werden müssen. Für die Sammlung von Punkten oder Ideen, die man anschließend sortiert und auswählt, sind Karten (oder Streifen bei längeren Aussagen) an der Pinnwand die besseren Trägermedien. Doch warum Flipchart und Pinnwand nicht kombinieren?

Wenn Sie in Form einer Zurufliste oder wenn mehrere Arbeitsgruppen in Teamarbeit Flipchartbogen beschrieben haben und jetzt sortieren wollen, markieren Sie in einem ersten Durchgang die Beiträge, die Sie festhalten oder weiterbearbeiten wollen. Mit einer Schere schneiden Sie diese Beiträge aus den Flipchartbogen aus. Nun werden sie am besten auf dem Boden oder einem Tisch ausgelegt und in eine optimale Reihenfolge gebracht. Dann pinnen Sie die Streifen in dieser Reihenfolge an eine oder mehrere Pinnwände.

Vergessen Sie nicht eine knackige Überschrift!

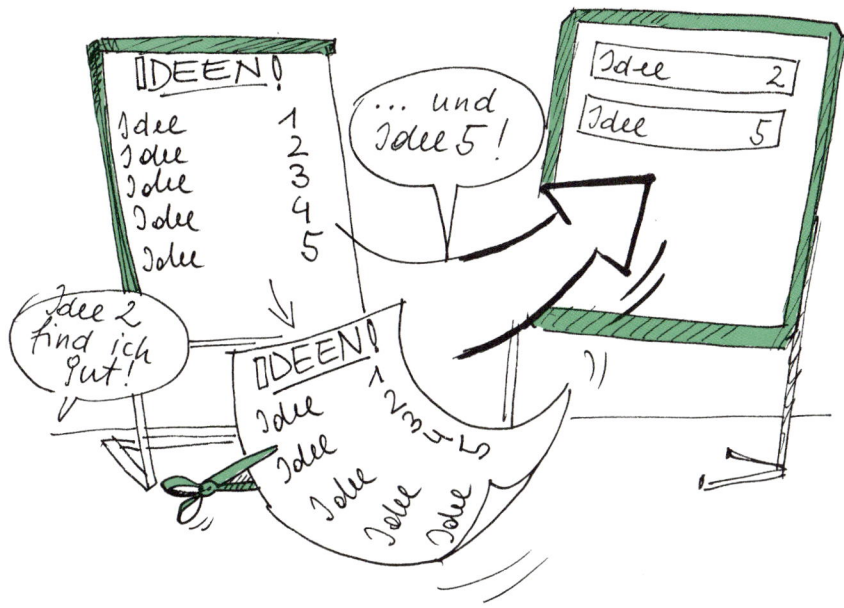

Jetzt ist aus einem unbeweglichen Informationsträger ein beweglicher geworden. Für eine weitere Bearbeitung können sich Teams nun einen Streifen mitnehmen.

Und noch ein Tipp: Man kann die Flipchartstreifen auch mit Pinnwandkarten ergänzen, etwa mit kleinen Kullern nummerieren oder – weil links und rechts noch Platz freibleibt – mit Kommentarkarten versehen.

»Die Karten ersparen viel
Rederei. Klappt das auch
beim Auswerten?«

Die Arbeit mit Pinnwand und Karten ist so angenehm, weil in kurzer Zeit ohne Reden viel zusammenkommt. Leider geht das Reden häufig wieder los, wenn die Ergebnisse an der Pinnwand hängen und diskutiert werden.

Das muss aber nicht sein. Denn auch Kommentare kann man in Kartenform abgeben. Man hat dabei die gleichen Vorteile wie bei allen Varianten dieser Methode: Gleichzeitig können viele Karten abgegeben werden, während beim Reden immer nur einer drankommt. Und alles ist visualisiert, nichts geht verloren.

Beachten Sie die folgenden Tipps und Tricks:

❖ Lassen Sie beim Anheften von Karten links und rechts auf der Pinnwand einen breiten Streifen frei. Instruieren Sie in diesem Sinne auch Arbeitsgruppen, wenn diese ihre Ergebnisse mit Karten auf Pinnwand dokumentieren.
❖ Stellen Sie dann die Pinnwände wie in einer Ausstellung auf. Deshalb heißt diese Methode auch »Vernissage«. Die Teilnehmer flanieren herum und können auf den Randstreifen Kommentarkarten anbringen.
❖ Dazu eignen sich die elliptischen Karten. Auf sie kann man zum Beispiel schreiben: »Ist mir unklar.« Oder: »Das ist praxisfremd.« Oder: »Finde ich gut.« Man kann natürlich auch Verbesserungsvorschläge anbringen.

❖ Wenn man es einfacher haben will, gibt man den Teilnehmern die kleinen weißen runden Karten aus dem Moderatorenkoffer und einen schwarzen Filzstift in die Hand. Dann werden die Kommentare auf gezeichnete Symbole beschränkt: Blitz heißt »Bin völlig anderer Meinung«, Herz heißt »Spricht mir aus dem Herzen«, Fragezeichen heißt »Verstehe ich nicht«. Am besten bereiten Sie jeweils eine Musterkarte pro Symbol vor und pinnen diese oben an die erste Pinnwand. Dann wissen alle, wie die Symbole zu zeichnen sind. Die Lieferanten für die Moderatorenkoffer bieten kleine Klebepunkte mit diesen Symbolen an. Man kann sie an die jeweilige Karte kleben. Mir gefallen die größeren selbst gezeichneten Kuller aber besser.

Blitz, Herz, Fragezeichen

❖ Wenn das Herumgehen und Anheften der Kommentar-Karten zu Ende ist, kann man sich jede Pinnwand noch einmal vornehmen und kurz auf die kritischen Kommentare, vor allem auf die Fragezeichen, eingehen. Das Reden beschränkt sich darauf.

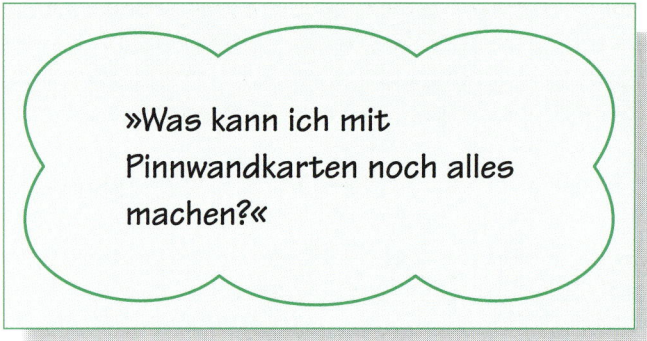

Eine Pinnwandkarte hat zwei Eigenschaften: eine Form und eine Farbe. Damit kann man mehr anfangen, als nur draufzuschreiben und anzunadeln.

Sie können aus der Karte jede Form schneiden, die Sie wollen. Ich mache mir gerne Markierungszeichen: Dreiecke, Pfeile. Die lassen sich leicht aus den rechteckigen Karten schneiden.

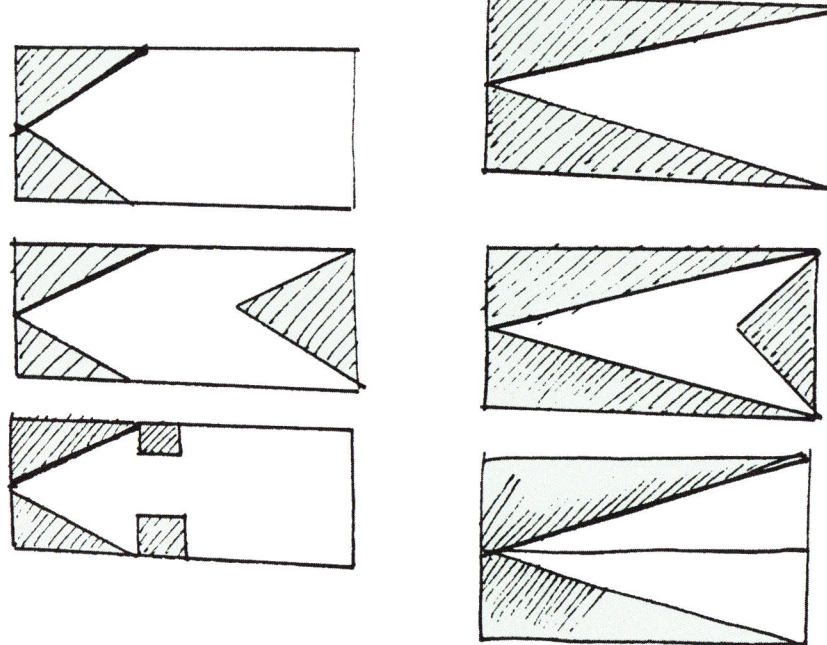

Am besten nimmt man dazu weiße oder rote Karten, weil die am seltensten als Arbeitskarten vorkommen (zum Thema »Kartenfarbe« siehe Seite 38). Die Markierungen kann man gut verwenden, wenn man Informationen mit Pinnwandbegleitung präsentiert. Sie werden dann direkt neben einzelne Karten gepinnt oder als Unterlage für Karten verwendet, um sie hervorzuheben. Auch aus runden Karten kann man Markierungselemente produzieren.

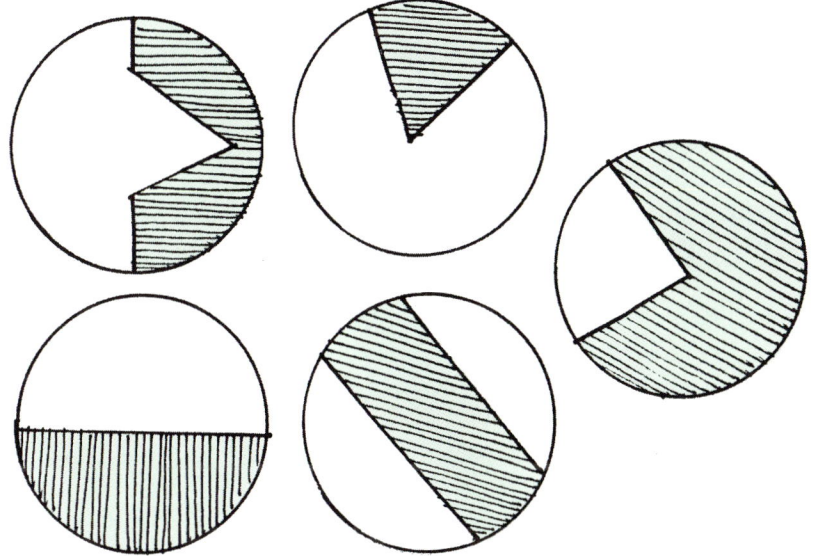

Durch Ausschneiden und Kombinieren verschiedener Kartenformen können Sie auch konkrete Gegenstände im Umriss darstellen und auf einen Flipchartbogen kleben bzw. an die Pinnwand heften.

Objekte basteln

Die Farben von Karten lassen sich außerdem vielfältig verwenden:

Spiel mit der Farbe

❖ **Zuteilung von Gruppen.** Wenn Sie zwölf Teilnehmer in Vierer-Gruppen aufteilen wollen, mischen Sie zwölf Karten in vier verschiedenen Farben. Jeder Teilnehmer zieht eine Karte. Die Gleichfarbigen bilden ein Team.

❖ **Zuteilung von Aufgaben.** Sie lassen farbige Karten ziehen, auf denen nur ein Wochentag steht. Dann wird mitgeteilt, welcher Job sich hinter einer Farbe verbirgt. Ich lasse Jobkarten gerne zu Beginn eines mehrtägigen Seminars ziehen. Gelb kann heißen, dass ein Teilnehmer einen Muntermacher vorbereitet, den die Gruppe nach einem Durchhänger abrufen kann. Blau kann bedeuten, dass der Teilnehmer etwas Gruppendienliches erledigt, wenn es anfallen sollte, zum Beispiel einen Abendausflug organisieren. Grün: den Tagesabschluss gestalten.

❖ **Ampelfeedback.** Nach einer Präsentation oder nach einem Rollenspiel wird Feedback eingeholt. Das lässt sich mit roten, gelben und grünen Karten ritualisieren. Zuerst steht die Ampel auf rot; der Trainer hält eine rote Karte hoch oder pinnt sie an. Dann gibt es nur Dinge zu hören, die nicht in Ordnung sind: »Weiterfahren verboten.« Dann wird auf Gelb geschaltet: »Geht schon, aber kann noch besser werden.« Zum Schluss folgt Grün: »Volle Fahrt, weiter so!«

Anstatt mündlich kann das Ampelfeedback auch schriftlich mit Feedbackkarten erfolgen. Dann hängen eine rote, gelbe und grüne Karte an der Pinnwand und die Teilnehmer ordnen ihre Feedbackkarten beim Anpinnen diesen Kategorien zu. Der Feedbacknehmer hat dann gleich den Überblick, kann Fragen stellen oder einfach still lesen. Die Karten gehören ihm. Sie sind ein Geschenk der Gruppe. Er kann sie von der Pinnwand abnehmen und sich später im stillen Kämmerlein in Ruhe noch einmal zu Gemüte führen.

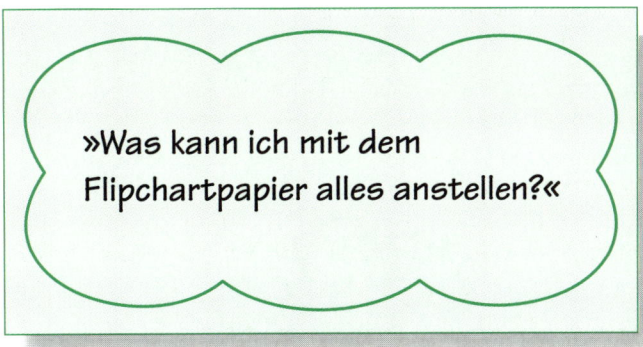

»Was kann ich mit dem
Flipchartpapier alles anstellen?«

Flipchartpapier ist zum Schreiben da. Oder etwa nicht? Sehen Sie Flipchart-bogen einmal nicht als Schreibunterlage, sondern als Material, aus dem sich mit Fingern, Schere und Klebstoff oder Tesafilm vieles basteln lässt.

Zehn Tipps für die Einsatzmöglichkeiten von Flipchartpapier:

❖ Es eignen sich zum Anpinnen: **Umrisse** von Symbolen, Pfeile, Schablonen für Figuren usw.
❖ Ebenso kann man **Behälter** an die Pinnwand heften (zum Beispiel für Kommentar- oder Fragekarten bei einer Vernissage der Arbeitsergebnisse auf Pinnwänden; für Karten, die man aussortiert; für Fragekarten bei ei-nem Lernquiz).

❖ **Objekte** lassen sich anpinnen: zum Beispiel schwarz schraffiert, zerknüllt und angepinnt oder mit Klebestreifen befestigt als Wolke für eine Pinnwand zum Thema »Krisen«; gleiche Wolke in Rosa für eine Ideenpinnwand zum Thema »Es wäre schön, wenn …«; Knüllwolke mit Feuerzeug angesengt zum Thema »Da haben wir uns die Finger verbrannt …«

Knüllwolken

❖ Als **Material** im Seminar: Papierschale zum Einsammeln von Karten oder um Karten zu ziehen (zum Beispiel um Gruppen nach Zufall zusammenzustellen, Jobs zu verteilen, Fragen oder Rollen zuzuteilen).
❖ **Papierhut** mit Aufschrift zur Zuweisung von Rollen. Bei Diskussionen bedeutet das: Wer den Hut »Geht das?« aufhat, achtet immer auf die Realisierbarkeit. Beim Bewerten von Arbeitsergebnissen gilt: Wer den Hut »Trüffelschwein« aufhat, sucht nur das Positive, der Besitzer von Hut »Aasgeier« achtet nur auf schwache Stellen. Bei Rollenspielen heißt das: Jeder schreibt auf seinen Hut einen Vorsatz, den er im jetzt beginnenden Rollenspiel umsetzen möchte.

❖ **Wandelnde Litfaßsäule.** Zum Kennenlernen heftet sich jeder einen ganzen Flipchartbogen mit einem persönlichen Steckbrief an und kommt
dann mit den anderen ins Gespräch. Zum Ende des Seminars kann die
Litfaßsäule die persönlichen Konsequenzen und Vorsätze mitteilen. Noch
eine Variante: Teilnehmer heften sich einen Flipchartbogen auf den Rücken; beim Herumwandern kann jeder dem anderen persönliches Feedback »auf den Rücken« schreiben. (Meine Teilnehmer mögen dieses Spiel,
ich weniger, weil es doch eine »Hinter meinem Rücken«-Symbolik hat.)

*Wandelnde
Litfaßsäulen*

❖ Sie können auch eine **Maske** herstellen lassen, zum Beispiel beim Rhetoriktraining, um die Mimik auszuschalten und nur die Stimme und Gestik
wirken zu lassen.
❖ **Spielmaterial** lässt sich ebenso mit Flipchartpapier herstellen, zum Beispiel bei der Papierschlacht: Zwei Gruppen stehen sich im Abstand von
ein bis zwei Metern hinter je einer Grenzlinie (Schnur) gegenüber. Jeder
knüllt sich drei Papierbälle in der Größe von Schneebällen aus Flipchartpapier. In die Mitte kommt ein Luftballon. Welche Gruppe als erste den
Luftballon mit Würfen der Kugeln über die Linie der Gegner treibt, hat
gewonnen.

Schneeballspiel

❖ **Ausdrucksmittel.** Geben Sie einmal für die Feedbackrunde zum Tagesabschluss jedem Teilnehmer einen Viertel-Flipchartbogen. Jeder soll dann dieses Papier dazu benutzen, um mitzuteilen, wie er oder sie diesen Tag erlebt hat. Schreiben ist verboten. Ich habe erlebt, dass Teilnehmer das Papier zerknüllen, küssen, einen Papierflieger bauen, das Papier vor die Augen halten, es zusammenfalten und in den Geldbeutel stecken, in Streifen reißen und als Geschenk verteilen, ein Herz oder eine Eins daraus formen und vieles mehr. Spaß machte es immer.

❖ **Seminareinstieg.** Jeder Teilnehmer bekommt ein Blatt DIN-A4-Papier. Scheren, Klebstoff, Buntstifte liegen bereit. Aus dem Papier soll etwas entstehen. Wenn alle etwas gebastelt haben, stellen sie das Objekt kurz vor und erzählen, was sie dabei gedacht und erlebt haben. (Diese Idee stammt aus dem sehr anregenden Buch »Neue kreative Wege im Seminar« von Johanna Maria Huck-Schade bei Beltz.)

»Bei einer Folienprojektion kann ich nach und nach aufdecken. Oder ich markiere mit dem Zeigestift. Wie geht das bei Flipchart und Pinnwand?«

Allzu viel Information auf einmal ist beim Flipchart oder der Pinnwand in der Tat ein Problem. Das sukzessive Aufdecken bei Folien portioniert die Informationsmenge und macht sie dadurch leichter zu verarbeiten. Bei Datenprojektionen kann man Zeilen nach und nach erscheinen lassen.

Das Steuern des Blicks durch Bewegungen eines Zeigestiftes auf dem Projektor verfolgt das gleiche Ziel: Man »führt« den Betrachter Schritt für Schritt durch das Informationsangebot.

Das Problem des »zu viel auf einen Blick« kann es auch bei einem Flipchartposter oder erst recht bei der noch größeren Fläche einer vorbereiteten Informationspinnwand geben. Was tun?

Meine Tipps lauten:

❖ Bereiten Sie eine komplexe Flipchart-Anschrift oder eine Informationspinnwand nur zum Teil vor und ergänzen Sie sie erst während des Vortrags.

❖ Als Erstes sollten die Zuhörer Überschriften und Strukturen (zum Beispiel ein Schema mit leeren Kästen und Pfeilen) sehen. Die sollten Sie beim Vortrag zuerst erklären.

❖ Dann tragen Sie nach und nach, zeitlich synchron zu dem, was Sie sagen, am Flipchart die konkreten Begriffe ein oder hängen an der Pinnwand Karten in die vorbereitete Struktur.

Natürlich können Sie auch diesen Trick anwenden: Das Führen des Blicks können Sie bei Flipchart und Pinnwand mit einem Laserpointer erreichen, den man von PC-Präsentationen her kennt. Da der Laserpointer jedoch das leichte Zittern der Hand mit der Entfernung vergrößert, empfiehlt es sich, die Stelle, auf die man zeigt, mit langsamen Bewegungen des roten Punktes kreisförmig zu umfahren oder durch Hin-und Herfahren zu »unterstreichen«.

Zusatz-Tipp: Ein einfaches Medium zur Blickführung bei der Pinnwand können Sie sich selber herstellen: Schneiden Sie aus einem roten oder weißen Karton einen Pfeil aus und pinnen Sie ihn immer links neben die Zeile, die Sie gerade kommentieren.

Der Wanderpfeil

»In meinem Schulungsraum stehen ein Overheadprojektor sowie ein Beamer. Kann ich diese Geräte mit Pinnwand und Flipchart kombinieren?«

Projektor und Flipchart sind Medien mit einem ähnlichen Leistungsprofil. Auf Folien wie auf Flipchartbogen kann man schreiben (zum Beispiel Zuruflisten) oder fertige Texte und Grafiken präsentieren. Die Folie oder Beamerprojektion hat gegenüber dem Flipchartposter den Vorzug, dass man sie – eine entsprechende Projektionsfläche vorausgesetzt – auch auf größere Entfernung lesen kann. Beide, Folien und Flipchart, haben den Nachteil, dass sie unbeweglich sind: Was geschrieben oder gezeichnet ist, kann nicht mehr geändert werden. Folien haben außerdem die Schwäche, dass man sie nicht aufhängen kann wie einen Flipchartbogen.

Auch auf die Pinnwandbespannung kann man schreiben. Aber die Pinnwand hat ihre eigentliche Stärke in Verbindung mit Karten. Im Unterschied zu Folien und Flipchartbogen ist die Pinnwand ein bewegliches Arbeitsmedium. Und wenn man die Karten aufklebt, kann man die Pinnwandbespannung aufhängen wie ein Flipchartposter.

So weit die Leistungsprofile der drei Medien. Wie kann man aber nun den Projektor mit Flipchart und Pinnwand kombinieren?

Folgende Beispiele für ein Zusammenwirken der Medien habe ich ausprobiert:

❖ **Ausleuchten**. Man nutzt den Projektor als Scheinwerfer, um eine Pinnwand (zum Beispiel bei einer Präsentation mehrerer Ergebnispinnwände) oder ein Flipchartposter besser lesbar zu machen. Das Ausleuchten einer Pinnwand mit dem Projektor verbessert auch die Bedingungen für den Pinnwandkopierer oder eine Digitalkamera, wenn Sie eine Pinnwand dokumentieren wollen.

❖ **Zeichenvorlage.** Man projiziert eine Folie mit einem Bild (zum Beispiel ein Clipart oder eine Grafik aus dem Computer) auf einen Flipchartbogen oder eine Pinnwandbespannung und zeichnet sie dort mit einem Stift nach.

❖ **Projektionsfläche.** Eine weiße Pinnwand ohne Bespannung kann eine Projektionsleinwand ersetzen.

❖ **Ergänzung.** Man projiziert eine Folie mit Projektor oder Beamer als inneres Quadrat auf eine weiße Pinnwandfläche und ergänzt sie durch Anheften von Kommentar- oder Erläuterungskarten im äußeren Feld. Das ist sinnvoll, wenn die Folie eine komplexe Grafik oder sonstige Abbildung zeigt, die man selbst nicht auf der Pinnwand oder einem Flipchartbogen erstellen kann.

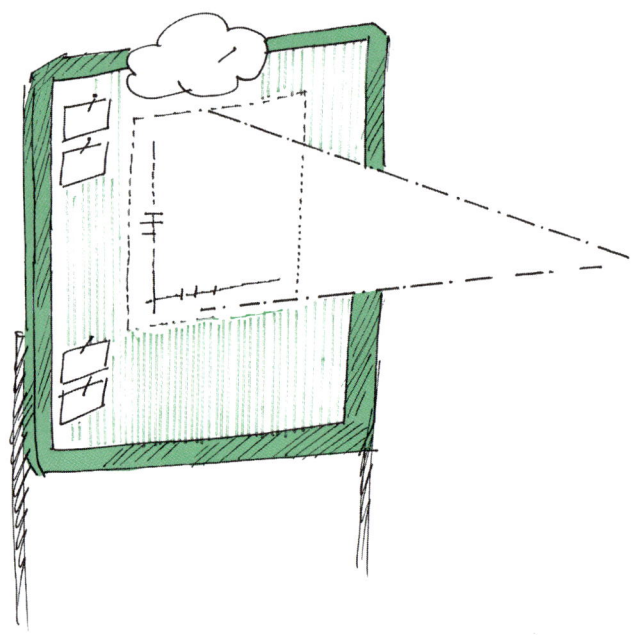

»Neulich habe ich Pinnwände als Raumteiler genutzt, damit mehrere Gruppen ungestört arbeiten konnten. Gibt es weitere Ideen?«

Bücher sind zum Lesen da. Aber ein Buch kann auch sonst gute Dienste leisten. Als Beschwerer, damit Blätter nicht vom Wind weggeblasen werden oder als Keil, dass ein Fenster offen bleibt, oder als Mordinstrument, um eine lästige Fliege zu erschlagen. Eine Pinnwand ist zum Pinnen da. Aber sie kann auch sonst gute Dienste leisten, wie Sie gleich sehen können.

❖ Im **Kommunikationstraining.** Gespräche werden hinter der Pinnwand geführt. Als Beobachter auf der anderen Seite hört man viel aufmerksamer auf das Akustische, ohne auf die Körpersprache zu achten.
❖ Im **Rhetoriktraining.** Personen mit Redeangst halten einen Vortrag zuerst geschützt hinter der Pinnwand. Als nächsten Schritt stellen sie sich hinter der Pinnwand auf einen Stuhl und reden mit dem Kopf über der Pinnwand. Erst wenn sie sich auch dabei wohl fühlen, verlassen sie die Deckung und reden frei.
❖ Bei **Rollenspielen** oder beim **Drehen von selbst erstellten Videos.** Pinnwände dienen als Kulisse. Man kann Requisiten anbringen und Räume »ausstatten«.
❖ **Pinnwandabteile.** Man trennt mit Pinnwänden einige Abteile ab. In jedes Abteil setzen sich zum Beispiel zwei Teilnehmer. So kann man etwa ein Rollenspiel in Fortsetzungen spielen oder eine Idee von Abteil zu Abteil weiterspinnen lassen. Man kann jedem Abteil durch ein quer gehängtes Papierschild einen Aspekt zuweisen. Eine Idee wird dann nach und nach unter verschiedenen Aspekten durch die jeweiligen Insassen beleuchtet oder bewertet.

❖ »**Der Lauscher an der Wand hört seine eigene Schand**«. Als Tagesrückblick setzen sich drei oder vier Teilnehmer hinter die Pinnwand und reden wie am Stammtisch darüber, wie sie den Tag erlebt haben. Die anderen hören als Lauscher an der Wand zu.

❖ **Stimme aus der Wolke.** Ein oder zwei Teilnehmer setzen sich hinter eine Pinnwand, während davor eine Diskussion, ein Rollenspiel oder eine Präsentation stattfinden. Die beiden haben ein Instrument in der Hand (Glocke, Gong, Glas, Schlüsselbund), mit dem sie ein Signal geben, dass jetzt die Stimme aus der Wolke ertönt. Nach dem Signal geben sie einen Kommentar zum Geschehen wie der Chor in der griechischen Tragödie.

Die Stimme
aus der Wolke

❖ Als **Fetisch.** Man symbolisiert an der Pinnwand ein Thema durch ein Objekt, ein Symbol oder ein Poster. Dann stellen sich die Teilnehmer an der gegenüberliegenden Wand in einer Reihe auf. Jeder geht nun so nahe an die Pinnwand, wie es seinem Interesse am Thema entspricht. Wenn alle stehen, können die Teilnehmer sagen, warum sie weit weg oder nah dran stehen. Statt Interesse kann man auch andere Aspekte durch die Wahl eines »Stand-Punktes« ausdrücken: Sicherheit mit dem Thema nach einer Lerneinheit, Vorwissen, Zufriedenheit mit der Arbeitsweise am Thema.

❖ **Wäscheleine.** Zwischen zwei Pinnwänden wird eine Wäscheleine gespannt. An ihr können Sie mit Wäscheklammern Karten oder Objekte befestigen. Beispiel: Die linke Pinnwand enthält Karten dazu, wie die Teilnehmer den Jetzt-Zustand beschreiben; auf der rechten Pinnwand werden Karten zum Zielzustand gesammelt. Auf die Leine dazwischen hängen die Teilnehmer nun Karten oder Papierstreifen mit Ideen dazu, wie man vom Jetzt zum Ziel kommen könnte.

Ideen auf der »Wäscheleine«

❖ **Theatervorhang.** Wenn Sie über die Wäscheleine zwischen die Pinnwände zwei Stoffbahnen oder Papierstreifen hängen, haben Sie einen Theatervorhang, durch den Akteure auf- und abtreten können.

❖ **Spiel.** Pinnwand als Netz für Ball- oder Luftballonspiele zum Auflockern müder oder unkonzentrierter Teilnehmer.

Kürzlich haben zwei meiner Teilnehmer das Seminarfeedback als Frühstücksfernsehen inszeniert. Als Moderatorenpaar kommentierten sie die Ereignisse im Seminar launig-bissig, auf jeden Fall unterhaltsam. Als Kulisse dienten zwei Pinnwände, dazwischen ein Pinnwandbogen. Der Bogen war ausgeschnitten und mit aufgemalten Bedienungsknöpfen dekoriert, sodass die Illusion eines Fernsehschirms perfekt war.

»Bei Gesprächen zeichne ich gerne ein Mindmap, um das Wichtigste festzuhalten. Kann man Mindmapping auf Flipchart und Pinnwand machen?«

Beim Mindmapping zeichnet man zu einem Thema eine Art Wissensnetz, eine »Denk-Landkarte«.

Die Technik ist einfach:

❖ Das Thema kommt in eine Umrandung in die Mitte.
❖ Dann überlegt man sich übergeordnete, wichtige Aspekte des Themas und visualisiert sie als Hauptäste, die vom Thema aus nach links oder rechts oben oder unten wachsen.
❖ Einzelheiten werden als Verzweigungen der Hauptäste dargestellt.
❖ Die Beschriftungen werden über die Äste geschrieben.
❖ Damit die Beschriftungen lesbar sind, werden die Äste frühzeitig in die Waagrechte nach links oder rechts geführt, sobald sie vom Mittelpunkt abgehen.

Angenehm an Mindmaps ist, dass sie so leicht ergänzt werden können. Hat man noch einen Einfall, dann legt man eben einen weiteren Hauptast oder eine Verzweigung an.

Mindmaps sind vor allem für drei Zwecke ideal geeignet:

❖ wenn man Ideen entwickelt und festhält (in einer Arbeitsgruppe, als Vorbereitung auf ein Vorhaben usw.),
❖ wenn man etwas Gehörtes oder Gelesenes für sich festhalten will,
❖ wenn man anderen einen Überblick über ein Thema geben will.

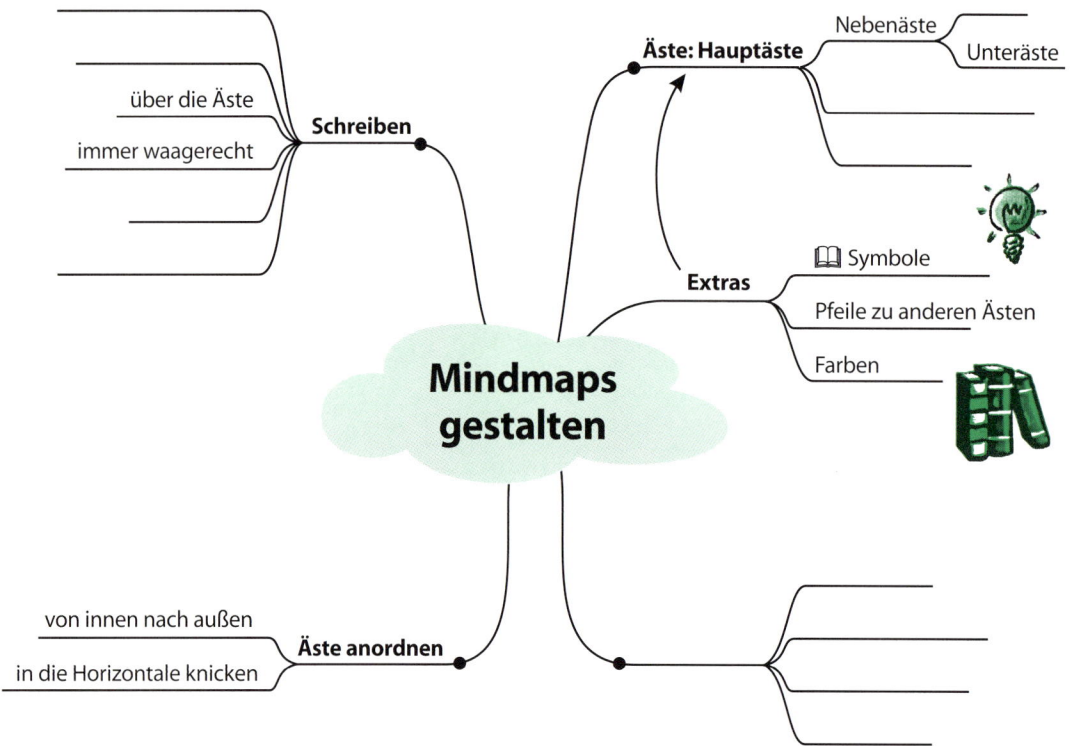

über die Äste

immer waagerecht

Schreiben

Äste: Hauptäste

Nebenäste

Unteräste

Extras

📖 Symbole

Pfeile zu anderen Ästen

Farben

Mindmaps gestalten

von innen nach außen

in die Horizontale knicken

Äste anordnen

Zu beachten ist: Die Pinnwand eignet sich besser für ein Mindmap als das Flipchart, weil sie größer ist und ein Mindmap Platz braucht. Am besten ist es, wenn Sie für ein Mindmap die Pinnwandbespannung quer anbringen, weil die Äste und Verzweigungen in die Horizontale geführt werden müssen.

Mindmaps im Querformat

Ein Tipp für Gruppen-Mindmaps: Für Mindmaps, die in Gruppen erstellt werden, legt man den Bogen auf einen Tisch oder auf den Boden. Das Zeichnen und Beschriften fällt dann viel leichter. Erst danach wird das Mindmap angepinnt.

Außerdem kann ich Ihnen noch folgende Anregungen geben: Als Referent können Sie ein Thema zuerst als »Landkarte« in Form eines Mindmap ohne Beschriftung auf die Pinnwandbespannung zeichnen und erst im Laufe Ihres Vortrages die Karten als Beschriftungen der Äste einfügen.

Zusatz-Tipp: Es gibt Mindmap-Software mit vielen Visualisierungsmöglichkeiten, zum Beispiel »Mindman« und »MindManager«. Im Internet finden Sie Software, wenn Sie »mindmap« in eine Suchmaschine eingeben.

»Einen Flipchartbogen kann ich leicht mitnehmen. Aber was mache ich mit einer Pinnwand voll angenadelter Karten?«

Ein Vorteil des Pinnens ist, dass die Karten beweglich sind. Man kann jederzeit Karten umhängen, eine Karte entfernen, eine neu hinzutun, weil jede Karte nur an einem Pinn hängt. Das wird zum Nachteil, wenn man eine Pinnwandbespannung mit vielen Karten abnehmen möchte, um sie an die Wand zu hängen oder sie mitzunehmen.

Die einfachste Lösung lautet: Jede Karte abnehmen und mit Klebestift wieder ankleben. Dann lässt sich die Pinnwandbespannung an die Wand des Tagungsraumes hängen oder für den Transport falten und rollen, ohne dass die Karten abgehen.

Für den Transport der Packpapierrolle mit den aufgeklebten Karten gibt es im Bürohandel ausziehbare stabile Plastikbehälter in verschiedenen Farben mit Tragegurt. Damit können Sie auch Flipchartbogen ohne Knicks transportieren.

Außerdem können Sie noch Folgendes machen: Die Profis fotografieren die Pinnwand mit einem Pinnwandkopierer oder einer Digitalkamera.

Beim Pinnwandkopierer wird das Bild auf Faxpapier in DIN-A-4-Format ausgedruckt. Es kann also gleich auf den Kopierer gelegt und für die Teilnehmer vervielfältigt werden. Nachteil: Die Bildqualität ist nur zufrieden stellend, wenn auf hellen Karten mit schwarzem Stift geschrieben wurde und die Schrift gut lesbar ist. Schwarz auf Rot oder Blau ist problematisch.

Die Digitalkamera hat den Vorzug, dass das digitale Bild in den Trainer-Laptop geladen, dort bearbeitet und ausgedruckt werden kann.

Wenn das Gesamtbild der Pinnwand weniger wichtig ist, gibt es eine dritte, einfache Lösung. Sie nehmen die Karten ab, legen Sie seitenfüllend auf den Kopierer und halten so nach und nach alle Karten fest. Mit Herunterverkleinern der Originalkopien, erneutem Montieren und Kopieren können Sie viele Karten auf wenigen Blättern unterbringen und den Teilnehmern mitgeben.

»Während eines Referats pinne ich nach und nach Karten an. Gibt es da noch andere Ideen?«

Die Vortragsbegleitung mit Karten oder Papierstreifen an der Pinnwand ist eine gute Sache: Die wichtigsten Punkte oder Aussagen werden gleichzeitig visualisiert.

Ein weiterer Vorteil ist: Die Teilnehmer haben immer den Überblick, was bisher schon behandelt wurde. Und die Hauptaussagen werden zugleich auditiv und visuell dargeboten, was später die Erinnerung unterstützt.

Die Stichwortkarten haben auch einen Vorteil für den Vortragenden: Jede Karte ist gleichzeitig ein Spickzettel beim Reden.

Hier zwei Tipps, wie man das für die Zuhörer spannender machen kann:

❖ Sie heften alle Karten oder Streifen schon vorher umgedreht an. Immer wenn es zur Rede passt, wird die nächste Karte aufgedeckt und jetzt sichtbar angepinnt. Der Vorteil liegt nicht nur im Überraschungseffekt. Die Teilnehmer sehen nämlich schon zu Beginn, wie viele Punkte es zu besprechen gibt. Während des Vortrags können sie mitverfolgen, wie die Zahl der noch nicht besprochenen Punkte abnimmt.

Die Spannung steigt

❖ Sie schneiden kleine Schlitze in die Pinnwandbespannung (Packpapier). Hinein kommen Karten oder Streifen und werden auf Höhe der verdeckten Fläche mit einem Pinn festgemacht. Nur ein kleines Stück schaut jeweils heraus. An der passenden Stelle im Vortrag ziehen Sie die Karte oder den Streifen ganz heraus und pinnen sie oder ihn am aufgedeckten Ende wieder an.

Es sieht besonders gut aus, wenn Sie die Streifen in Strukturen anordnen. (Danke an Hans-Jörg Hennig für diese Idee.)

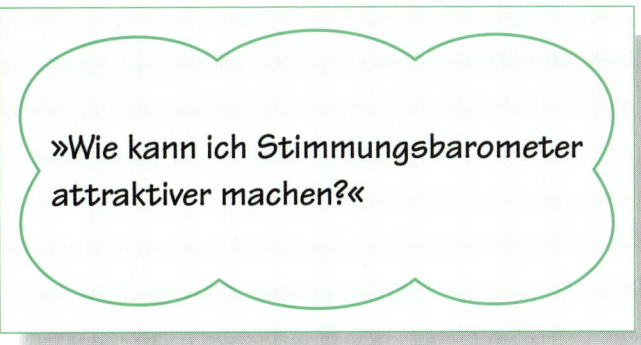

»Wie kann ich Stimmungsbarometer attraktiver machen?«

Mit den Klebepunkten sparen Sie sich lange Feedbackrunden. Sie bereiten eine Skala, das Barometer, vor und heften sie an die Pinnwand. Dann hängen Sie eine Folie mit abnehmbaren Klebepunkten daneben oder lassen sie durch die Runde der Teilnehmer reichen. Jeder Teilnehmer nimmt sich einen Klebepunkt und klebt ihn so auf die Skala, wie es seiner Stimmung entspricht. Das geht schnell und alle können das Ergebnis sehen. Danach kann man dies auch besprechen.

Die Barometer kann man natürlich auch auf einen Flipchartbogen malen oder kleben.

Mein Tipp: Die Skala kann man mit Symbolen attraktiver gestalten. Es müssen nicht immer die gleichen Smilies sein.

Informativer wird das Barometer außerdem, wenn jeder Teilnehmer zu seinem Punkt noch eine Kommentarkarte anheften kann.

Nach meiner Erfahrung sollte der Trainer zu den Kommentarkarten nur Verständnisfragen stellen, keine Diskussion eröffnen. Denn die Kommentare sind Hinweise der Teilnehmer primär für den Trainer. Es liegt an ihm, wie er sie umsetzt.

Wenn man eine zweite Dimension in die Abfrage mit einbezieht, ist das Ergebnis gehaltvoller.

Statt der Punkte können Sie auch ovale Karten oder größere runde Karten ausgeben. Die Teilnehmer können diese, wenn sie es wollen, mit einem Blitzlicht-Stichwort oder Kurzkommentar versehen, bevor sie sie anheften. Über diese Stichworte kann man dann noch kurz reden. Allerdings geht das nur bei einer kleineren Gruppe, sonst wird es unübersichtlich.

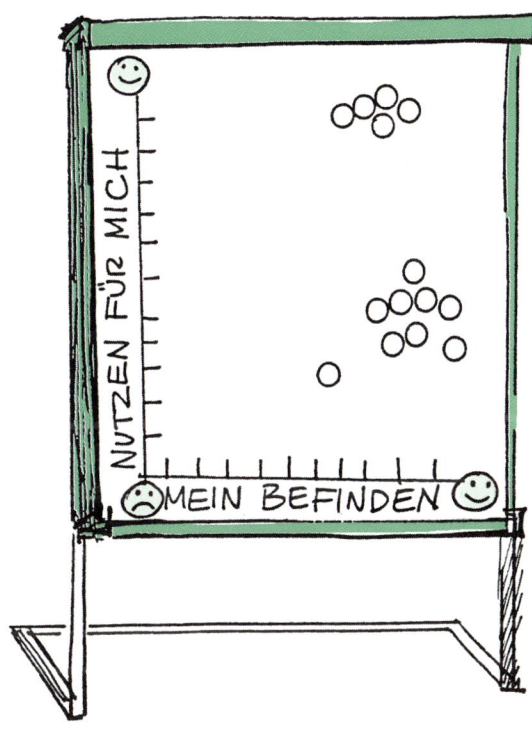

Sogar eine dritte Dimension lässt sich mit erfassen, wenn Sie zwei Klebepunkte mit verschiedenen Farben ausgeben. Beispiel: Die grünen Klebepunkte gelten für den Vormittag, die roten für den Nachmittag.

Hier noch weitere Ideen:

❖ Die Teilnehmer heften Karten an eine Schubladenpinnwand. Die Schubladen sind durch Überschriften etikettiert und durch Wollfäden (s. Seite 44)
abgeteilt. Man kann eine »Plus-Pinnwand« und eine »Minus-Pinnwand«
nebeneinander stellen oder eine Pinnwand in Plus und Minus aufteilen.

Die Schubladen-
pinnwand

❖ Überschriften einer Plus-Pinnwand könnten sein: »Da hat es bei mir heute
Klick gemacht!«, »Danke dem Trainer für …«, »Danke den Teilnehmern
für …«
❖ Die Schubladen einer Minus-Pinnwand könnten lauten: »Ich hätte besser
gearbeitet, wenn …«, »Das hätte ich mir gewünscht«, »Schade«.
❖ Auf jeder Pinnwand kann man noch eine Schublade ohne Überschrift ein-
richten.

Dieses Feedback dauert etwas länger. Der Lohn: Es ist für Sie und die Teilnehmer aufschlussreicher als ein einfaches Stimmungsbarometer. Im Plenum kann man dann gemeinsam Karten mit konkreten Ideen für eine »So wird's besser«-Pinnwand schreiben.

❖ Wenn Sie nur die kritischen Stimmen hören möchten, können Sie sich auf eine Minus-Pinnwand beschränken. Als »Klagemauer« deklarieren und dekorieren!

Klagemauer

❖ Eine Gruppe sammelt Karten für eine Plus-Pinnwand, die andere für die Minus-Pinnwand. Dann stellt man die Pinnwände nebeneinander.

Zusatz-Tipp: Zwei Pinnwände stehen bereit. Die eine mit dem Titel »Das lasse ich zurück«, die andere mit dem Titel »Das nehme ich mit«. Die Teilnehmer schreiben jeweils Karten dazu und heften sie an. Diese Methode eignet sich sehr gut für den Abschluss eines Trainings, in dem es um Wissen, aber auch um Einstellungen und Verhaltensweisen ging.

»Mir gefällt die Aufstellungsmethode sehr gut.
Gibt es dazu Pinnwandideen?«

Ein Beispiel: Sie hängen zu Beginn das Thema des Seminars als Poster an eine Wand. Die Teilnehmer reihen sich an der Wand gegenüber auf. Dann geht jeder Teilnehmer so nah an das Themenposter, wie es seinem Interesse entspricht.

Das Aufstellen im Raum ist informativer als die übliche verbale Abfrage im Sitzen. Bei der Aufstellungsmethode bezieht jeder im Wortsinn »Stellung«. Es wird sichtbar, wie sich das Interesse, eine Meinung oder anderes in der Gruppe verteilen. Haben alle Teilnehmer ihre Position gefunden, können Sie den einen oder anderen fragen: »Sie stehen ganz weit weg. Wie kommt das?« Oder: »Sie sehen, wie andere näher beim Thema stehen. Wie geht es Ihnen mit Ihrer Position?« Oder: »Ich sehe, zwei Teilnehmer stehen ganz dicht am Thema, drei ganz weit weg. Wie wäre es, wenn die zwei vorne versuchen, gute Argumente zu finden, damit die hinteren drei vielleicht näher kommen?«

Mit der Methode des »Aufstellens« kann man vieles visualisieren: das Interesse an einem Thema, das Vorwissen zu einem Thema, die Zufriedenheit mit dem Seminar (dann legt man an eine Wand ein Smiley, an die andere Wand ein mürrisches Gesicht und jeder muss eine Position dazwischen einnehmen), die Sicherheit des Erlernten und vieles andere mehr. Es hängt von der Vorgabe ab, die Sie für das Aufstellen wählen.

Mein Tipp: Sie können mit dem Aufstellen mehrere Meinungen gleichzeitig abfragen. Das passt gut an den Beginn einer Seminareinheit, bei der Sie bestimmte Meinungen, Einstellungen, Vorurteile erwarten und diese allen sichtbar machen wollen.

Dazu stellen Sie zwei bis maximal vier Meinungspinnwände verteilt im Raum auf. Auf jede Pinnwand heften Sie eine Meinung (wörtliche Rede, markant formuliert). Jeder Teilnehmer sucht sich dann diejenige Pinnwand, die seine Meinung am ehesten wiedergibt.

Haben alle Teilnehmer Stellung bezogen, kann man fragen, erklären lassen, diskutieren. Sie können auch zum Perspektivenwechsel anregen. Die Teilnehmer gehen dann zu einer ihnen »fremden« Pinnwand und argumentieren aus der neuen Position.

»Kann man mit Pinnwand und Flipchart auch Lernergebnisse überprüfen und sichern?«

Mit Pinnwand und Karten lassen sich nicht nur Informationen präsentieren oder bewerten. Diese Medien eignen sich auch sehr gut für Lernsicherung und Transfer. Diese Phase passt nicht nur ans Ende einer Veranstaltung. Man sollte sie immer nach einer größeren Lerneinheit einbauen. Die Teilnehmer mögen es, wenn diese Phase des Trainings nicht bierernst mit Tests erfolgt. Angesagt sind Methoden, die auch etwas Spielerisches haben.

Bei den folgenden Tipps kommt das Spielerische zum Tragen, aber auch das Spezifische von Pinnwand und Karten: Es sind bewegliche und kommunikative Medien. Im Unterschied zum Test, den jeder für sich ausfüllt, wird hier das Wissen überprüft. Die folgenden Ideen sollen nur Anregungen sein. Oft haben die Lerner selbst gute Einfälle dazu, wie sie das Gelernte sichern können.

❖ **Gruppenwettbewerb.** Eine Gruppe erstellt jeweils für die andere Gruppe eine Fragepinnwand. Dazu schreibt sie auf Papierstreifen zehn Fragen zum Lernstoff sowie je fünf Reservefragen und heftet sie untereinander an. Dann werden die Fragepinnwände nebeneinander aufgestellt und abwechselnd im Plenum abgearbeitet. Der erste Teilnehmer aus Gruppe 1 versucht die erste Frage zu beantworten, die sich die andere Gruppe ausgedacht hat. Dann folgt der erste Teilnehmer aus Gruppe 2, dann der zweite Teilnehmer aus Gruppe 1 und so weiter. Kommt man zu einer Frage, die bereits gestellt und beantwortet wurde, greift man auf eine der Reservefragen zurück. Für jede richtig beantwortete Frage gibt es einen Punkt.

❖ **Quiz.** Jeder Teilnehmer schreibt eine Frage zum Lernstoff auf eine Karte und pinnt sie umgekehrt an die Pinnwand. Reihum pflückt sich dann jeder Teilnehmer eine Karte ab, liest die Frage vor und versucht sie zu beantworten.

Variante: Die Gruppe legt vorher fest, für wen die Erklärung gedacht ist: für einen Kunden, ein Lexikon, eine Ratgeberecke in einer Zeitschrift usw.

❖ **Landkarte.** Es gibt Themen, zu denen die Lernenden nicht nur Begriffe erfassen, sondern ein »mentales Modell« der Beziehungen aufbauen. Hierzu kann der Trainer eine »Landkarte« mit Schlüsselbegriffen aufbauen. Die Schlüsselbegriffe werden auf je eine Karte geschrieben. Jeder Lerner erhält eine dieser Begriffskarten. In der Gruppe soll das Beziehungsnetz zwischen den Begriffen, die geistige Lernlandkarte, erstellt und an eine Pinnwand geheftet werden. Die Gruppe verwendet dazu Pfeile, Verbindungslinien oder Wollfäden (s. Seite 44).

Sie können den gleichen Kartensatz auch an zwei Gruppen ausgeben. Interessant ist dann ein Vergleich der beiden Lösungspinnwände.

❖ **Gedächtnistraining.** Jeder Lerner erhält den gleichen Satz farbiger Pinnwandkarten (ohne Beschriftung). Dann werden wichtige Schlüsselbegriffe zum Thema angepinnt. Jetzt verrät der Trainer, was jede Farbe bedeutet.

Gehirnjogging mit Karten

Beispiel: blau = Definieren, gelb = Praxisbeispiel, rot = Problem, Warnung, grün = Tipp, weiß = Abgrenzen von anderen Begriffen.

Der Ablauf sieht dann so aus: Der Trainer gibt den ersten Schlüsselbegriff vor. Wer eine blaue Karte hat, kann sie loswerden, indem er sie rasch hochhält und den Begriff definiert. Danach gibt er die Karte beim Trainer ab oder wirft sie in die Mitte der Runde auf den Boden. Wer eine rote hat, nennt ein Problem, das man bei diesem Begriff beachten muss usw. Wenn zum ersten Begriff alle fünf Farben durchgespielt wurden, kommt der nächste Begriff an die Reihe. Es wird so lange gespielt, bis keiner mehr eine Karte hat. Der psychologische Gewinn: Zu jedem Begriff muss das Gehirn der Lerner unterschiedliche Dinge tun; das ist ideal für das Behalten.

❖ **Lernslogan.** Jede Kleingruppe erhält eine Pinnwand. Sie soll nun zu wichtigen Inhalten des Gelernten möglichst gute »Slogans« finden und anheften. Das können Merksprüche, auch gereimte, oder einprägsame Übertreibungen wie bei Werbeslogans sein. Visualisierungen sind erwünscht. (Diese Idee stammt aus dem Buch »Phantastische Lernwelt« von Lehner und Ziep bei Beltz).

❖ **Wie-Wie-Flipchart.** Zur Umsetzung des Gelernten in die eigene Praxis erstellt jeder Teilnehmer ein persönliches Wie-Diagramm. Dazu legt er einen Flipchartbogen quer. Zuerst kommt oben in einen Kasten ein Ziel, das er sich aus dem Trainingsabschnitt konkret vornimmt. Dann fragt er sich: »Wie kann ich dieses Ziel erreichen?«, und trägt dies eine Stufe darunter in einen Kasten ein. Es folgt wieder ein »Wie?« zu diesem Kasten, das vielleicht zu mehreren Teilzielen führt. Sie werden dann wieder mit »Wie?« konkretisiert. Am besten erstellen immer zwei oder drei Lernpartner ihre Wie-Wie-Diagramme gemeinsam. Die Flipchartbogen werden anschließend aufgehängt und können als Vernissage besichtigt werden.

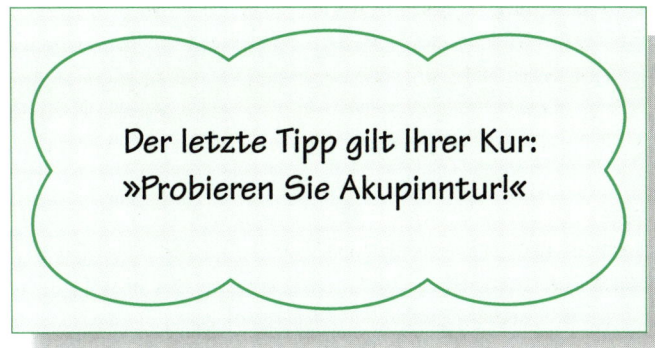

Der letzte Tipp gilt Ihrer Kur:
»Probieren Sie Akupinntur!«

Doch vergessen Sie nicht: Nur nadeln kann jeder.

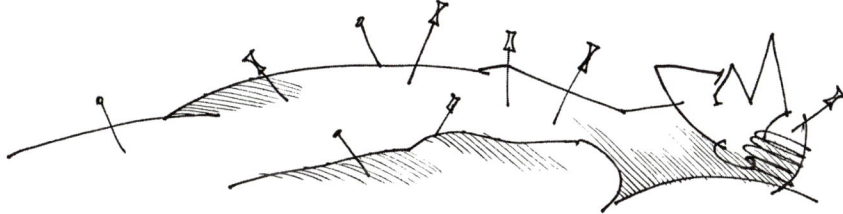

Suchen Sie was?

W BELTZ WEITERBILDUNG

Karlheinz A. Geißler
Anfangssituationen
Was man tun und besser lassen
sollte.
179 Seiten. Broschiert.
ISBN 3-407-36303-0

Teilnehmer und Kursleiter kennen pädagogische Anfangssituationen: Die Veranstaltung beginnt mit einem kurzen Eröffnungswort, daran anschließend folgt die Bitte, sich doch vorzustellen. Reihum hört man Namen, berufliche Tätigkeiten und vielleicht auch ein paar private Worte. Einige wenige Teilnehmer sitzen alleine, die meisten warten ... Die spannendste Situation ist immer der Anfang, oft aber auch die schwierigste. Wer kennt nicht das Problem, den Einstieg zu finden. Dabei ist ein gelungener Start oft schon die halbe Miete. Karlheinz A. Geißler gibt in diesem Buch konkrete Hinweise, was man als Dozent, als Kursleiterin tun kann und wie man besser vermeiden sollte.

Aus dem Inhalt:
Die Soziodynamik von Anfangssituationen; Die Angst des Dozenten vor und in Anfangssituationen; Redner und Schweiger, Beispiele von Anfangssituationen.

Karlheinz A. Geißler
Schlußsituationen
Die Suche nach dem guten Ende.
156 Seiten. Broschiert.
ISBN 3-407-36304-0

Eine Gruppe trennt sich, die Teilnehmer nehmen Abschied und für die gelernten Inhalte müssen Übergänge geschaffen werden. Dieses Buch gibt konkrete Hinweise zur Gestaltung von Übergängen und Schlusssituationen in Kursen und Seminaren. Es wird aber kein Rezept vorgelegt, vielmehr soll anregt werden, darüber nachzudenken, was man macht, wenn man zum Schluss kommt.

»Die Lektüre dieses Buches macht Spaß (...) Das Buch kann jedem empfohlen werden, der Bildungsveranstaltungen durchführen und zu einem guten Ende bringen will.« *Günter Pätzold, Die berufsbildende Schule*

Aus dem Inhalt:
Die Auflösung der Zusammenarbeit; Rituale der Trennung Prüfungen: Das Macht-volle Ende; Das Finale verlangt nach Gestaltung; Auswertung in Schlusssituationen; Transfer: Übergänge gestalten.

Karlheinz A. Geißler
Lernprozesse steuern
Übergänge: Zwischen Willkommen und Abschied.
215 Seiten. Zahlr. Abb. Broschiert.
ISBN 3-407-36320-6

Wie kann man gut und erfolgreich den Lernalltag steuern? Diese Frage stellen sich in zunehmendem Maße Trainerinnen, Dozenten, Referentinnen und Seminarleiter, denn das Führen von Arbeits- und Lerngruppen ist komplexer geworden. Die Akzeptanz von Führung muss heute durch anspruchsvolle Gestaltungs- und Steuerungsarbeit erreicht werden.
Dieses Buch zeigt, wie man diesen Ansprüchen gerecht werden kann. Mit zahlreichen Beispielen aus der Praxis werden Methoden, Verfahren und Empfehlungen angeboten, die helfen, sich in der Komplexität der sozialen Prozesse des Lehrens und Lernens zurechtzufinden. Dies gilt insbesondere für die Übergänge, die zwischen dem Anfangen und den Aufhören liegen.

Aus dem Inhalt:
Lehr-/Lernprozesse steuern und gestalten; Schwierige Situationen; Übergänge; Die Gruppe und ihre Dynamik.

Bernd Weidenmann
Erfolgreiche Kurse und Seminare
Professionelles Lernen mit Erwachsenen.
224 Seiten. Pappband.
ISBN 3-407-36346-6

Erwachsene Lerner sind anspruchsvoll. Sie wünschen sich lebendige, effektive, praxisnahe Seminare. So werden Trainer in der Erwachsenenbildung heute mehr denn je gefordert.
Der renommierte Lernpsychologe und erfahrene Trainer Bernd Weidenmann stellt vor, worauf es ankommt.

»Ein Buch, das auf dem Schreibtisch eines jeden Trainers und Seminarleiters seinen festen Platz haben sollte.«
Dr. M. Madel, Seminarführer

»Ein Buch, das schnörkellos und ohne falsche Eitelkeit erklärt, was des Trainers täglich Brot ist.«
wirtschaft & weiterbildung

Aus dem Inhalt:
Die Lernarbeit: Situationen und Personen; Die wichtigsten Methoden; Die wichtigsten Medien; Den Prozess gestalten: Symbole, Spiele, Krisen.

Beltz Verlag • Postfach 10 01 54 • 69441 Weinheim • http://www.beltz.de

W BELTZ WEITERBILDUNG

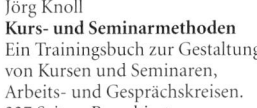

Jörg Knoll
Kurs- und Seminarmethoden
Ein Trainingsbuch zur Gestaltung
von Kursen und Seminaren,
Arbeits- und Gesprächskreisen.
227 Seiten. Broschiert.
ISBN 3-407-36336-2

Diese Methoden-Handbuch ist
als Einladung für alle diejenigen
gedacht, die bereit sind, »metho-
dische Fantasie« zu entwickeln.
Darunter versteht Jörg Knoll die
Fähigkeit, Methoden stimmig aus-
zuwählen und einzusetzen, sie zu
verändern und selbst welche zu
erfinden.
Einzelne Methoden werden konkret vorgestellt. Spezielle Hinweise für Kursleiterinnen und
Kursleiter erleichtern die Vorbe-
reitungsarbeit. Das alphabetische
Methoden-Verzeichnis erlaubt
eine schnelle Orientierung.

»Ein vergleichbar solide gemach-
tes, praxisnahes und ansprechen-
des Methodenbuch ist mir nicht
bekannt.«
Hans-Joachim Petsch

Aus dem Inhalt:
Methoden in der Anwendung;
Einflüsse bei der Auswahl und
Durchführung von Methoden;
Einzelne Methoden (Sandwich-
Methode, Motorinspektion,
Fallarbeit, Fantasiereise u. v. m.).

Johanna Maria Huck-Schade
Neue kreative Wege im Seminar
Ein Methodenbuch für den ideen-
reichen Einsatz von Materialien.
189 Seiten. Zahlr. Abb. Pappband.
ISBN 3-407-36350-8

Eine einmalige Sammlung von
kreativen Übungen zur lebendi-
geren Gestaltung von Kursen und
Seminaren.
Berufliche Seminare müssen
nicht theorielastig sein. Gerade
das spielerische, experimentelle
Herangehen im kreativen Prozess
eröffnet oft neue Perspektiven:
Blockaden werden abgebaut, fest-
gefahrene Gedanken gelockert,
Problemlösungen besser erkannt.
Johanna Maria Huck-Schade zeigt
Wege auf, verschiedene Medien
und Materialien kreativ mit unterschiedlichen Themen zu verbinden. Sie gibt konkrete Anleitungen und Hinweise für die praktische Umsetzung.
Mit diesem Methodenbuch können Sie ihr Repertoire an kreativen Übungen erweitern.

Aus dem Inhalt:
Der kreative Prozess; Einsatz
»kreativer« Medien und Materialien im Seminar: Zeichnen,
Malen, Papier, Collage, Ton,
Masken, Objektbau, Fotografie
usw.

Gudrun F. Wallenwein
Spiele: Der Punkt auf dem i
Kreative Übungen zum Lernen
mit Spaß.
252 Seiten. Zahlr. Abb. Pappband.
ISBN 3-407-36341-9

Die Konzentration der Seminar-
gruppe lässt nach, die Aufmerksamkeit sinkt ins Bodenlose und
nichts wird mehr aufgenommen.
Kennen Sie das? Möchten Sie das
in Ihren Seminaren vermeiden?
Gudrun F. Wallenwein hat Spiele
und Übungen für Trainings und
Seminare gesammelt und den
unterschiedlichen Einsatzmöglichkeiten zugeordnet.

»Eine einmalige, fantastische
Sammlung in Seminaren erprob-
ter Spiele und Übungen, die in
den unterschiedlichsten Situationen eingesetzt werden können (...)
Fazit: Diese Sammlung sollte in
keiner Trainerbibliothek fehlen.«
villa bossaNova, skill media

Aus dem Inhalt:
Der Seminarbeginn; Spiele in und
nach der Pause; Das Seminarende;
Konzentrationsspiele;
Kreativspiele; Entspannung; Am
Ende eines Seminartages; Das
Seminarende.

Ulrich Lipp / Hermann Will
Das große Workshop-Buch
Konzeption, Inszenierung und
Moderation von Klausuren,
Besprechungen und Seminaren.
297 Seiten. 170 Abb. Pappband.
ISBN 3-407-36361-3

»Wenn jemals das gern zitierte
Schlagwort ›Aus der Praxis für die
Praxis‹ zutraf, dann bei diesem
Buch (...). Auf knapp 300 Seiten
haben die Autoren alles Wissens-
werte zum Thema ›Workshop‹
zusammengetragen. Und es bleibt
zu hoffen, dass Moderatoren,
Trainer und Dozenten dieses Buch
zu ihrer Pflichtlektüre machen.«
Dr. M. Madel, Seminarführer

»Fazit: Ein Buch für den Praktiker! Leseleicht, sehr gut gegliedert
und illustriert. Mit zahlreichen
Tipps und Tricks für den erfolg-
reichen Ablauf eines Workshops.«
TRAINING aktuell

Aus dem Inhalt:
Workshop-»Philosopie«; Ablauf-
pläne von Workshops; Diskus-
sionsformen in Workshops;
Kartenabfrage, Zuruflisten, Blitz-
licht, Mind-Mapping; Bewerten
und Entscheiden; Arbeit in Klein-
gruppen; Visualisieren und
Dokumentieren; Umsetzung an-
schieben; Krisenmanagement;
Workshop-Exoten.

Beltz Verlag · Postfach 10 01 54 · 69441 Weinheim · http://www.beltz.de

W BELTZ WEITERBILDUNG

Martin Hartmann/Rüdiger Funk/
Horst Nietmann
Präsentieren
Präsentationen: Zielgerichtet und
adressatenorientiert.
151 Seiten. Zahlr. Abb. Pappband.
ISBN 3-407-36342-7

Von der Art und Weise einer Präsentation hängt entscheidend ab,
ob man überzeugt und verständlich informiert. Die Autoren dieses
Buches geben praktische Hilfestel-
lung für die Durchführung guter
Präsentationen. Schrittweise erhält
der Leser einen Einblick in die
verschiedenen Planungs- und
Arbeitsphasen der Vorbereitung
und Durchführung von Präsentationen.

»Wer eine ›Dramaturgie der Prä-
sentation‹ sucht, wird hier fündig!
In der Verschränkung von Ziel,
Inhalt und Methode ist dieses
Buch Spitzenklasse, immer wieder
mit Gewinn zu Rate zu ziehen.«
Wolfgang Beywl, CONTRASTE

»Man merkt dem Buch deutlich
den Praxisbezug an.«
Süddeutsche Zeitung

Aus dem Inhalt:
Vorbereitung; Aufbau und
Durchführung der Präsentation;
Fragen und Diskussion; Medien:
Vom PC bis zum Flipchart;
Checkliste.

Martin Hartmann/Michael
Rieger/Marketta Luoma
Zielgerichtet moderieren
Ein Handbuch für
Führungskräfte, Berater und
Trainer.
156 Seiten. Zahlr. Abb. Pappband.
ISBN 3-407-36356-7

In vielen Unternehmen und
Organisationen spricht es sich
herum: gut moderierte Gruppen
sind einfach effizienter. Die Zusammenarbeit verläuft zufrieden-
stellender, die Ergebnisse erfüllen
höchste Ansprüche und werden
von allen Gruppenmitgliedern
getragen. Und die Chance, dass
derartige Ergebnisse in der Praxis
auch wirklich zur Anwendung
gelangen, steigt enorm.

»Dieses Buch ist ein idealer Leit-
faden für Moderationen.«
conferencing

»Fazit: Ein überzeugendes Buch,
das Schritt für Schritt den Weg
in moderierte Besprechungen
zeigt.«
TRAINING aktuell

Aus dem Inhalt:
Was bedeutet Moderation? Die
Stärken der Methode; Wie wird
eine zielgerichtete Moderation
vorbereitet? Umfangreiche
Checklisten für die Praxis.

Edith Stork
Logistik im Büro
Unordnung kostet Geld.
117 Seiten. Zahlr. Abb. Pappband.
ISBN 3-407-36333-8

Wie häufig suchen Sie eigentlich
nach wichtigen Unterlagen? Wie
oft vergeuden Sie Ihre Zeit mit
Aufräumen, Umräumen, Neu-
ordnen, Suchen und Sortieren?
Wollen Sie dies ändern? Dann
sollten Sie keine Zeit mehr verlie-
ren, System in Ihr Büro zu bringen. Edith Stork zeigt in diesem
Buch, wie Sie perfekte Ordnung
in Ihr Chaos bringen. Das Ablage-
system wird so optimiert, dass
keine Zeit mehr verloren wird mit
unnötigem Suchen nach wichtigen Schriftstücken. Akten,
Hängemappen und Ordner werden einheitlich beschriftet. Auch
andere Mitarbeiter finden sofort
gesuchte Dokumente. Denn bei
allen herrscht die gleiche
Ordnung.
Das andere Chaos, das kreative,
das produktive, bleibt Ihnen dort
erhalten, wo Sie es für Ihre Visio-
nen brauchen. Und dafür haben
sie dann mehr Zeit.

Aus dem Inhalt:
Teamfähigkeit der Ablage;
Kostenminimierung;
Verantwortung für Büroräume;
Zeit erwirtschaften.

Wolfgang Hovestädt
Sich selbst organisieren
Weg vom Zeitdruck: Wie man
sich die Arbeit erleichtern kann.
128 Seiten. Zahlr. Abb. Pappband.
ISBN 3-407-36331-1

Wie kommt es, dass manche
Leute in den 168 Stunden einer
Woche so viel schaffen? Warum
erscheinen andere dagegen stets
gestresst und abgehetzt?
Dauerstress, Arbeitsüberlastung,
Hektik und überladene Schreib-
tische sind Symptome, die Zeit
und Energie fressen. Sie kosten
Nerven, belasten das Arbeitsklima
und die Ergebnisse. Was fehlt,
sind Techniken, mit denen man
die eigene Zeit und die Aufgaben
besser in den Griff bekommt.
Denn eines hat man nirgends
gelernt: *Wie plant und organisiert
man seine Arbeit?* Mit diesem
Buch können Sie Ihren persönlichen Leistungshemmnissen auf
die Spur kommen. Anhand prak-
tischer Beispiele hilft es Ihnen, die
Möglichkeiten zur Verbesserung
der eigenen Arbeitsorganisation
zu erkennen und anzuwenden.

Aus dem Inhalt:
Ziele setzen und einhalten;
Arbeitsabläufe verbessern;
Grundregeln und Techniken zur
Zeitplanung.

Beltz Verlag • Postfach 10 01 54 • 69441 Weinheim • http://www.beltz.de

W BELTZ WEITERBILDUNG

Sigmar Saul
Führen durch Kommunikation
Gespräche mit Mitarbeiterinnen
und Mitarbeitern.
131 Seiten. Pappband.
ISBN 3-407-36355-9

»Dieses Buch liefert die Grund-
lage für eine optimale Gesprächsführung.« *VDBUM-Information*

»Das Buch ist zudem leicht lesbar, anregend und problemorien-
tiert.«
Prof. Ulrich Gonschorrek,
Der Verwaltungswirt

»Ein interessantes und informatives Buch (...), das keineswegs
nur Führungskräften, sondern
auch deren Gesprächspartnern
dringend zu empfehlen ist.«
Bonner Generalanzeiger

»Am Ende steht auf jeden Fall
der Gewinn. An Erkenntnis,
Meinung und Wissen.«
Texten und Schreiben

Aus dem Inhalt:
Die zwei Hauptfunktionen des
Mitarbeitergesprächs; Grund-
lagen mitarbeiterorientierter
Gesprächsführung; Lenken des
Mitarbeitergesprächs; Spezielle
Techniken der Gesprächsfüh-
rung; Empfehlungen für das
Selbststudium.

Kris Cole
Kommunikation klipp und klar
Besser verstehen und verstanden
werden.
212 Seiten. 50 Abb. Pappband.
ISBN 3-407-36324-9

Kommunikative Fähigkeiten sind
ein wichtiger Erfolgsfaktor. Ob
mündlich oder schriftlich, sym-
bolisch, nonverbal, absichtlich
oder unabsichtlich, aktiv oder
passiv: Kommunikation ist eine
notwendige Voraussetzung für
jede Aktivität.

»Ein schönes Buch für Führungskräfte, die wissen, dass 70 Prozent
aller Fehler im Unternehmen auf
mangelhafte Kommunikation
zurückgehen. (...) Die Grundlagen der Kommunikation werden
so unprätentiös dargestellt, wie
Praktiker sich das wünschen.«
PERSONAL POTENTIAL

»... sehr überzeugend, optisch
und sprachlich einladend dargeboten, ein Füllhorn an Anregungen für erfolgreicheres Kom-
munizieren von morgen.«
Rainer Molitor, ManagerSeminare

Aus dem Inhalt:
Grundlagen der Kommunikation;
Körpersprache; Professioneller
Schriftverkehr.

Peter Kürsteiner
Reden, vortragen, überzeugen
Vorträge und Reden
effektiv vorbereiten und
erfolgreich präsentieren.
155 Seiten. Zahlr. Abb. Pappband.
ISBN 3-407-36351-6

»Wer so spricht, dass er gut verstanden wird, spricht immer gut.«
(Molière)
Das bedeutet: Wer sein Wissen
ansprechend in Worte verpacken
kann, wird seine Ziele schneller
erreichen und seine Zuhörer-
schaft leichter mit sich reißen.
Doch ganz so einfach fällt das
vielen Menschen leider nicht.
Haben sie Lampenfieber? Kämp-
fen Sie häufig mit Versprechern?
Oder möchten Sie als Profi noch
weitere Anregungen erhalten? In
diesem Buch finden Sie viele
Tipps und Übungen, die Sie
direkt in die Praxis umsetzen
können. Rhetorische und didakti-
sche Mittel zur Würzung Ihres
Vortrages kommen nicht zu kurz.
Denken sie daran: »Eine gute
Rede soll das Thema erschöpfen,
nicht die Zuhörer.« (Churchill)

Aus dem Inhalt:
Lampenfieber – Was tun?
Verschiedene Arten der Rede;
Spannung erzeugen und halten;
Richtige Modulation; Umgang
mit Einwänden und Störungen.

Theo Gehm
Kommunikation im Beruf
Hintergründe, Hilfen, Strategien.
228 Seiten. Pappband.
ISBN 3-407-36329-X

»Theo Gehms Publikation ist
gleichzeitig Ratgeber und Lehr-
buch. (...) Der Band ist klar
strukturiert und in kurze, auch
einzeln konsultierbare Abschnitte
unterteilt, die zusätzlich vertie-
fende Übungen anbieten. Das
stark auf die Praxis ausgerichtete
Buch kann allen Berufsleuten helfen, ihr kommunikatives
Verhalten zu verbessern und ihre
Gespräche bewusster zu führen.«
Der kleine Bund

»Theo Gehm versteht es, psychologische Theorien einfach und
spannend darzustellen. Der Leser
erhält auf diese Weise viel Hinter-
grundwissen und eine Reihe prak-
tischer Anleitungen zur Gestaltung seiner eigenen Kommunikation im Beruf.«
Personalwirtschaft

Aus dem Inhalt:
Dissonanz und ihre Folgen; Ziel-
orientierte Gesprächsvorberei-
tung; Kommunikationstechni-
ken; Frageformen und ihr geziel-
ter Einsatz; Öffnende
Gesprächsführung und aktives
Zuhören.

Beltz Verlag • Postfach 10 01 54 • 69441 Weinheim • http://www.beltz.de